richtig gut

Übungen zur neuen Rechtschreibung für die Klassen 5 bis 10

Von Stephanie Neumeister

Verlag Moritz Diesterweg
Frankfurt am Main

Inhalt

ISBN: 3-425-02220-2

Satz und Illustrationen: Volkmann Grafik-Design, Hannover
Druck: Wiesbadener Graphische Betriebe GmbH, Wiesbaden

Liebe Schülerin, lieber Schüler,
sicherlich hast du bereits davon gehört, dass unsere Rechtschreibung vereinfacht wurde.
Im Folgenden siehst du einen Überblick über die wichtigsten Veränderungen:

	neue Schreibweisen
Wortbausteine:	
– In Zukunft kannst du dich noch häufiger am Wortstamm orientieren, denn zahlreiche „Stolpersteine“ wurden beseitigt.	*platzieren, Stängel, belämmert, nummerieren, Tollpatsch*
– Treffen bei Wortzusammensetzungen drei Buchstaben aufeinander, bleiben von nun an alle drei erhalten.	*Seeenge, Schifffahrt*
s-Laute	
– Die Schreibung ss bleibt zukünftig auch am Wort- bzw. Silbenende sowie vor Konsonant erhalten. ß steht nur noch nach Langvokal.	*Schloss, bisschen, er isst, ich glaube, dass...*
Fremdwörter	
– Für einige Fremdwörter sind von nun an auch deutsche Schreibweisen zulässig.	*Getto, Sketsch, Majonäse, zirka, Fantasie*
Großschreibung	
– Künftig werden mehr Wörter großgeschrieben als bisher.	*Angst machen, in Bezug auf*
– Die vermehrte Großschreibung betrifft auch nominalisierte / substantivierte Wortarten.	*im Allgemeinen, auf dem Trockenen sitzen, als Dritter, im Voraus*
– Auch bei Zeitangaben werden von nun an alle Nomen / Substantive großgeschrieben.	*heute Morgen, gestern Abend*
– In Briefen schreibt man die Anredepronomen du, dich, dein,... künftig klein.	*Liebe Sarah, wie geht es dir?*
Getrennt- und Zusammenschreibung	
– Grundsätzlich soll in Zukunft mehr getrennt- als zusammengeschrieben werden.	*kennen_lernen, sitzen_bleiben, zu_viel*
Zusammengeschrieben wird nur noch in Ausnahmefällen.	*irgendjemand, irgendetwas*
Schreibung mit Bindestrich	
– Neben einzelnen Buchstaben werden auch Ziffern künftig immer vom Rest des Wortes durch einen Bindestrich abgetrennt (ausgenommen hiervon sind Wortendungen wie z.B. 30%ig, 50er,...)	*2-silbig, 30-Jährige, 10-seitig*
– Von nun an kannst du den Bindestrich aber auch immer dann einsetzen, wenn du ein Wort übersichtlicher machen möchtest.	*Blumentopf-Erde, Sauerstoff-Flasche*
Silbentrennung	
– Auch Fremdwörter können nun nach Sprechsilben getrennt werden.	*Pä-da-go-gik, wa-rum, Mag-net*
– st darf jetzt getrennt werden.	*Wes-te, ros-ten*
– ck kommt wie ch und sch auf die nächste Zeile.	*Zu-cker, bli-cken*
– Einzelvokale können abgetrennt werden.	*I-gel, E-ber*
Kommasetzung	
– Vor *und* bzw. *oder* muss zwischen zwei Hauptsätzen kein Komma mehr gesetzt werden.	*Tim fährt Rad_und Ina läuft Ski.*
– Bei Partizipial- und Infinitivsätzen musst du ebenfalls kein Komma mehr setzen.	*Ich freue mich_dich zu sehen.*
– Nach der wörtlichen Rede wird immer ein Komma gesetzt, wenn der Redebegleitsatz folgt.	*„Gehst du weg?“, fragte sie. „Seid doch mal leise!“, rief er.*

Aufgrund dieser Veränderungen musst du ein wenig umlernen. Doch keine Sorge: Du hast dafür viel Zeit. Zwar wirst du künftig alte Schreibungen korrigieren müssen, doch zählen diese noch nicht als vollwertige Fehler.
Das Heft „richtig gut“ möchte dir dabei helfen die neue Rechtschreibung schnell und unkompliziert zu erlernen. Um die neuen Schreibweisen besser verstehen zu können ist es sinnvoll diese im Zusammenhang mit den Grundregeln zu üben. Daher sind in diesem Arbeitsheft die einzelnen Neuerungen immer in die betreffenden Rechtschreibbereiche eingebettet.
Die Markierung der Aufgabenziffern hilft dir die durch die Rechtschreibreform entstandenen Veränderungen schnell aufzufinden:

1 Hier werden noch einmal Schreibungen geübt, die für das Allgemeinverständnis unbedingt notwendig sind.

1 Hier heißt es aufgepasst, denn es kommen einige neue Schreibungen bzw. neue Regeln auf dich zu.

Viel Spaß beim Umlernen!

Wortstämme üben

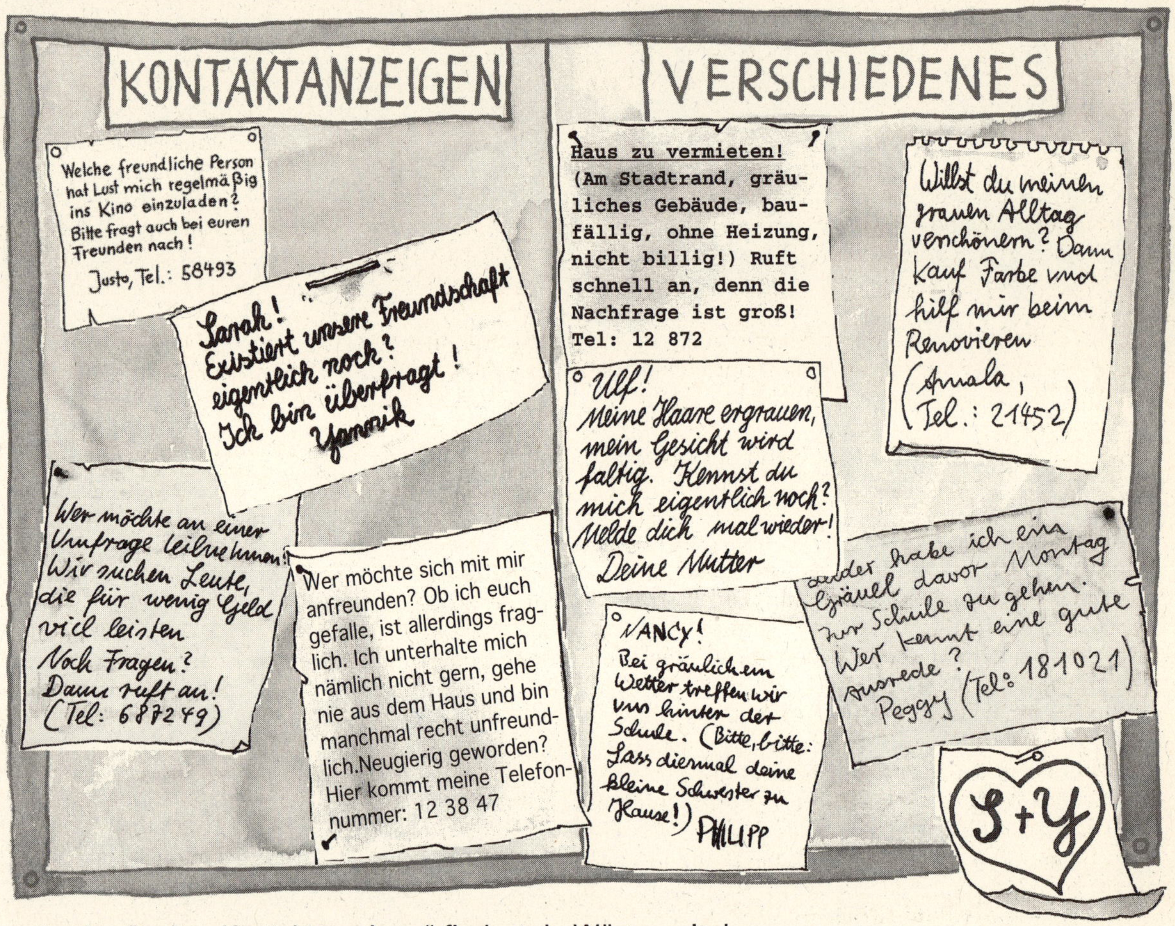

1 In der Spalte „Kontaktanzeigen“ findest du Wörter mit dem Wortstamm freund und Wörter mit dem Wortstamm frag. Schreibe sie getrennt voneinander heraus.

freund : freundliche

frag : fragt,

2 Finde weitere Wörter mit diesen Wortstämmen.

3 In der Spalte „Verschiedenes“ findest du Wörter mit den Wortstämmen grau/gräu. Schreibe sie heraus und rahme den Wortstamm immer ein:

gräuliches, ergrauen

4 Finde weitere Wörter mit den Wortstämmen grau/gräu.

Liebe Ronja,

ich schreibe dir, weil ich dir etwas *erzählen* möchte. Gestern war ich im Jugendtreff und habe mir die Anzeigen am schwarzen Brett durchgelesen. (Du weißt ja: Ich suche einen Ferienjob!) Die _______________ an Angeboten war riesig.

Schließlich _______________ ich eine Annonce aus, in der Leute gesucht werden, die bei einer Umfrage mithelfen. Hast du dazu nicht auch Lust? Die _______________ wird zwar nicht so gut sein, doch bestimmt werden wir viel Spaß haben. Eigentlich hätte ich dir das alles lieber am Telefon _______________ , aber nachdem ich mich gestern dreimal _______________ habe und schließlich von dem Mann am anderen Ende der Leitung richtig _______________ worden bin, habe ich es lieber gelassen. Bitte sage mir bis morgen Bescheid, ob du mitkommst.

Übrigens: Hoffentlich werde ich nicht krank, denn ich habe schon starken Schnupfen und muss mich daher ständig _______________ . Apropos „Schnauze": Unser Dackel stupst mich gerade mit seinem kleinen _______________ an. Ich werde wohl noch einen kleinen Rundgang mit ihm machen müssen.

Bis dann, deine *Olga*.

5 Hier fehlen Wörter mit den Wortstämmen zahl / zähl , wahl / wähl und schnauz / schnäuz .
Setze die richtigen Wörter ein und streiche die entsprechenden Wortbausteine am Rand aus.

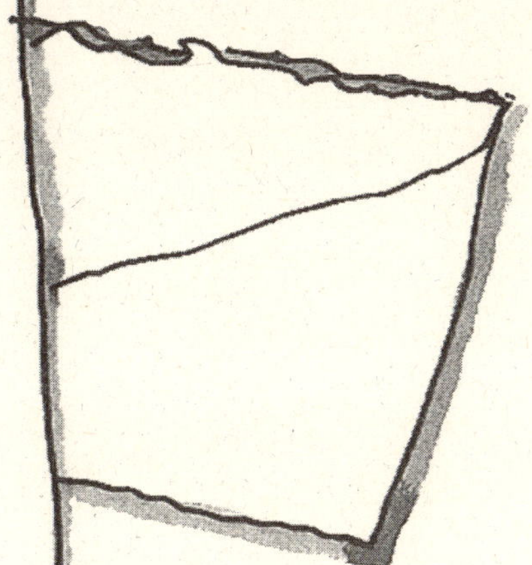

Er | zahl | ung
Be | zähl | t
er | zähl | en
Aus | wahl | te
ver | wähl | t
wähl
an | schnauz | en
ge | schnäuz | chen
Schnäuz | t

6 Löse das folgende Rätsel. Suche dazu zu den Wortstämmen in Klammern immer ein verwandtes Wort mit Umlaut:

1. Wasserfahrzeug (FAHR)
2. jmd. über... begrüßen (SCHWANG)
3. Teil einer Blume (STANGE)
4. furchtbare Geschichten, ...märchen (GRAU)
5. sich irren, sich ... (TAUSCH)
6. Körperteile (HAND)
7. Tiere in den Bergen (GAMS)
8. niedliches, kleines Schaf (LAMM)
9. sich die Nase putzen, sich ... (SCHNAUZ)
10. umgangssprachlich: mit jmd. Kontakt aufnehmen, mit jmd. ... (BAND)
11. wenn man etwas erwerben kann, dann ist es ... (KAUF)
12. unwissend und verdutzt schauen, ... gucken (LAMM)

In verwandten Wörtern wird der Wortstamm gleich oder ähnlich geschrieben: *Hand, handlich, behände.*

Wortstämme mit Doppelkonsonanten

Umfrage zum Thema „Freundschaft"

Was erwartest du von einem guten Freund oder einer guten Freundin?

Ein guter Freund oder eine gute Freundin sollte:
- *mir nie in den Rücken fallen*
- *die Namen aller Bundesligaspieler auswendig wissen*
- *wenigstens einen Popstar persönlich kennen*
- *sich während der Ferien um meine Haustiere kümmern wollen*
- *im Lotto nur selten daneben tippen*
- *nie vergessen die von mir geschickten Postkarten zu sammeln und zu nummerieren*
- *sich durch nichts stoppen lassen!*

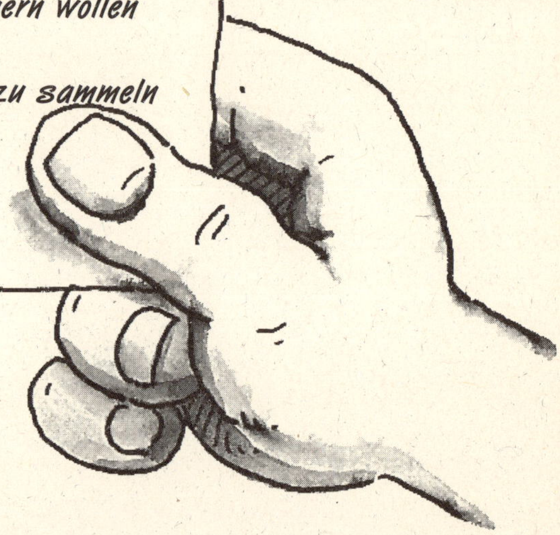

1 Unterstreiche in den Notizen alle Wörter mit einem Doppelkonsonanten. Schreibe sie anschließend heraus und kreise den Doppelkonsonanten in jedem Wort ein.

fa(ll)en

2 Mache dir durch deutliches Sprechen klar, dass vor und hinter dem Doppelkonsonanten immer kurze Vokale stehen. Setze unter jeden kurzen Vokal einen Punkt: *fa(ll)en*

3 Schreibe zu den Verben verwandte Wörter mit gleichem Wortstamm auf:

tollen	tippen	stoppen	steppen

Zwischen kurzen Vokalen musst du immer Doppelkonsonanten schreiben. Der Doppelkonsonant bleibt auch in verwandten Formen erhalten: *tollen – der Tollpatsch.*

4 Setze immer zwei Wörter so zusammen, dass drei gleiche Buchstaben aufeinander folgen. (Hinweis: Die Wörter in Großbuchstaben stehen am Anfang der Zusammensetzungen.)

____

____

____

____

____

Treffen in Wortzusammensetzungen drei gleiche Buchstaben aufeinander, so bleiben alle drei erhalten: *Seeelefant, Betttuch.*

5 Löse das folgende Silbenrätsel:

Toll Tipp num Ka me gu Zäh patsch Ass Kän Alb selbst ra ren stän tie dig heit rie Mopp mell frit traum zie plat rau ren ru haa ren rig

1. mit Nummern versehen
2. an einen bestimmten Platz bringen
3. ungeschickter Mensch
4. Gegenteil von *weichhaarig*
5. Nomen zu *zäh*
6. etwas ganz allein tun
7. australisches Tier
8. Material zur Bonbonherstellung
9. Gerät zum Aufwischen
10. Hinweis
11. in schwimmendem Öl braten
12. höchste Spielkarte
13. furchtbarer Traum

1 _ _ _ _ _ _ _ _ _ _ _ _ _ _ 2 _ _ _ _ _ _ _ _ _ _ _ _ _

3 _ _ _ _ _ _ _ _ _ _ _ _ _ 4 _ _ _ _ _ _ _ _ _ _ _ _

5 _ _ _ _ _ _ _ _ _ 6 _ _ _ _ _ _ _ _ _ _ _ _ _ _ _ _ _

7 _ _ _ _ _ _ _ _ _ 8 _ _ _ _ _ _ _ _ _ _ 9 _ _ _ _ _

10 _ _ _ _ 11 _ _ _ _ _ _ _ _ _ _ _ _ _

12 _ _ _ 13 _ _ _ _ _ _ _ _ _ _ _

6 Diktiert euch das folgende Partnerdiktat.

So ein Tollpatsch!

Am letzten Donnerstag besuchte mich mein Freund Olaf. Er kam mit seinem neuen Rennrad vorbei, das wirklich toll aussah. Das fand unser Nachbar wohl auch, denn er erhob sich sofort aus seinem Klappstuhl, begrüßte uns überschwänglich und fragte dann Olaf, ob er nicht auch einmal eine Runde auf dem Rad fahren dürfe. Natürlich bemerkte ich sofort, dass dies Olaf ein Gräuel war. Aber er stimmte zu. Drei Runden raste Herr Gerdes um den Häuserblock. Dann dauerte es sehr lange. Schließlich kam er um die Ecke. Seine Hose hing in Stofffetzen herunter und das Rad, das er schieben musste, war völlig verbeult.

Nachdem er nämlich ein Stoppschild übersehen hatte, war er nicht im vorgeschriebenen Schritttempo, sondern mit einer Affengeschwindigkeit um die nächste Ecke gerast und war dabei leider direkt in einen Zaun gefahren. Bekümmert schob Olaf sein Rennrad nach Hause. Seitdem habe ich ihn nicht wieder gesehen.

Weicher oder scharfer s-Laut?

1 Sprich die Wörter deutlich aus und ordne sie richtig zu:

weicher s-Laut	**scharfer s-Laut**
Auflösung	*Abschluss, Lausbube*

Gedanken einer Schülerin:

Wer viel *liest* ________________, ist manchmal im Vorteil. (lesen)

Wer häufig ________________, muss nicht immer gleich krank sein. (niesen)

Wer Mut ________________, hat es nicht immer leichter. (beweisen)

Wer oft die Schule ________________, wird dadurch nicht gescheiter. (umkreisen)

Wer jede Matheaufgabe ________________, weiß trotzdem noch lange nicht alles. (lösen)

Wer in den Stunden ________________, ist am Nachmittag ausgeschlafen. (dösen)

Wer immer gleich ________________, verschwendet viel Kraft und Energie. (aufbrausen)

Wer zur Schule ________________, ist noch lange kein Streber. (sausen)

Und wer auch in der Schulzeit ________________, hat in den Ferien Langeweile. (verreisen)

2 Setze das Verb aus der Klammer immer in die richtige Form.

Die Schreibung (ss)

1 Vervollständige das Gedicht, indem du zu jeder Zeile eine Reimzeile findest.

2 Suche alle Wörter mit Doppel-s heraus und kreise dieses in jedem Wort ein: *pa(ss)en*

3 Mache dir durch deutliches Sprechen klar, dass vor und hinter dem Doppel-s immer kurze Vokale stehen. Setze unter jeden Vokal einen Punkt: *pa(ss)en*

Ein Gedicht über die Schule

Wenn die Stunden dir nicht passen,

____

Doch niemals solltest du vergessen:

____

Auch deine Lehrer sollen wissen:

____

Sie sollten lieber nicht verpassen:

____

Und die Rektorin wird einsehen müssen:

____

Zuletzt ein Tipp an alle Klassen:

____

4 Suche aus dem folgenden Gitter alle Wörter mit Doppel-s heraus und schreibe sie auf.

wi(ss)en

W	K	I	S	N	H	A	S	S	E	N	F
I	S	E	M	Ü	S	S	E	N	A	S	R
S	S	C	H	L	Ü	S	S	E	L	M	E
S	C	H	Ü	S	S	E	L	A	M	A	S
E	H	Ä	X	E	D	E	Ö	R	E	S	S
N	L	P	A	S	S	E	N	I	S	S	E
A	Ö	R	G	S	M	K	Ü	S	S	E	N
V	S	E	I	E	M	A	S	S	E	B	D
E	S	S	K	L	A	S	S	E	N	X	F
R	E	S	E	R	L	S	A	H	A	V	U
M	K	E	S	Ü	L	E	W	O	S	J	S
I	F	A	S	S	E	N	Ü	S	S	E	S
S	K	R	E	S	S	E	S	L	E	R	E
S	F	I	L	E	S	K	E	L	H	P	L
E	D	K	A	L	U	F	Ä	S	S	E	R
N	V	W	L	Ü	D	R	Ö	S	S	E	R

Zwischen kurzen Vokalen wird immer ss geschrieben: *Kla(ss)e, wi(ss)en*

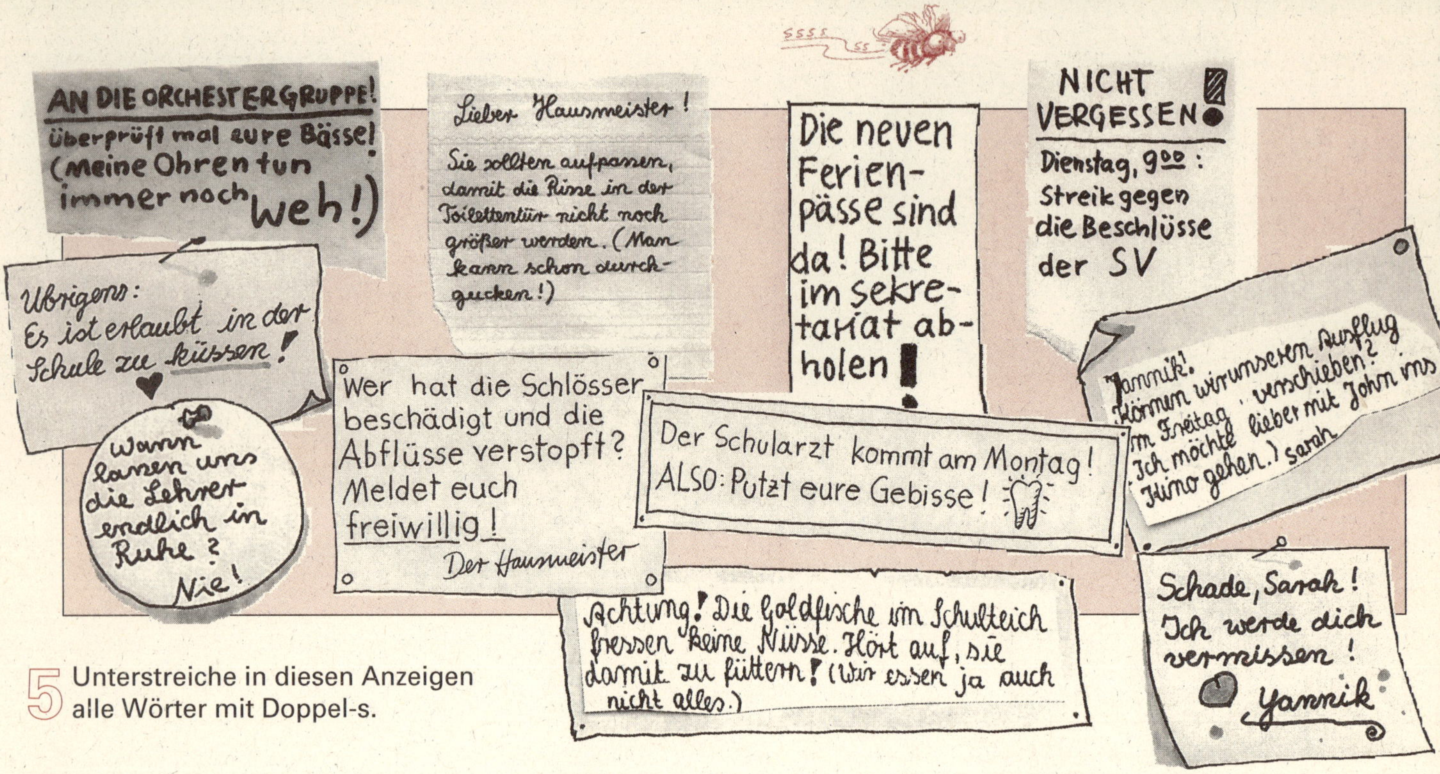

5 Unterstreiche in diesen Anzeigen alle Wörter mit Doppel-s.

6 Du findest in den Anzeigen sieben Nomen/Substantive mit Doppel-s. Schreibe sie heraus und setze sie in den Singular:

Plural	Singular
A b f l ü s s e	
B _ _ _ _	
B _ _ _ _ _ _ _ _ _ _	
F _ _ _ _ _ _ _ _ _ _ _	
G _ _ _ _ _ _	
N _ _ _ _	
R _ _ _ _	
S _ _ _ _ _ _ _ _ _	

7 Schreibe nun aus den Anzeigen alle Verben mit Doppel-s heraus und vervollständige die Tabelle:

Infinitiv	Präsens	Imperativ/Befehlsform
a u f p a s s e n	sie passt auf	pass auf!
e _ _ _ _	er	
f _ _ _ _ _ _		
k _ _ _ _ _		
l _ _ _ _ _		
v _ _ _ _ _ _ _ _ _		
v _ _ _ _ _ _ _ _ _		

(ss) bleibt nach einem Kurzvokal immer (ss):
Pä(ss)e - Pa(ss), pa(ss)en - pa(ss)t

Die Schreibung ß

Ge Grü ße ße Ma ße ßen ße ßen
Spie fä Flö So Sträu Fü Stö Spä ße
ße Schö ße Grö ße ße ßen Stra ße ße Klö

1 In dem Silbenrätsel sind 14 Nomen/Substantive mit ß versteckt. Schreibe sie untereinander auf. (Hinweis: Alle gesuchten Wörter stehen im Plural.)

F____	- ____________	S______	- ____________
F___	- ____________	S____	- ____________
G______	- ____________	S____	- ____________
G______	- ____________	S______	- ____________
G____	- ____________	S____	- ____________
K____	- ____________	S_______	- ____________
M___	- ____________	S_______	- ____________

2 Rahme in jedem Nomen/Substantiv das ß ein. Setze unter alle Langvokale einen Strich und unter alle Kurzvokale einen Punkt: *Flöße*

3 Setze jedes Nomen/Substantiv in den Singular: *Flöße – das Floß*

entblößen
beschließen
fließen
stoßen
heißen
beißen
sprießen
genießen
schließen

Aufruf an alle Klassen!

Wenn ihr das Leben im Klassenraum nicht mehr *genießt*,
wenn bei euch auch kein Wasser mehr ____________,
wenn euch täglich der herunterhängende Fensterrahmen ____________,
wenn sich der Holzwurm ständig vor euren Augen ____________,
wenn sich die Tür nur mit großem Kraftaufwand ____________,
wenn das Unkraut schon durch die Fensterrahmen ____________,
dann ____________ dagegen etwas zu tun!
Dann ____________ es: Nicht länger ruhen!
____________ die Zähne zusammen und packt mit an!
Ab Mittwoch wird in der Schule was getan: WIR RENOVIEREN!!!

4 Setze für jeden Farbklecks ein passendes Verb vom Rand ein.

Zwischen einem langen und einem kurzen Vokal wird das scharfe s immer ß geschrieben: *Späße.*
ß bleibt nach einem Langvokal immer ß:
genießen - ihr genießt - genießbar

Hallo Rico!

Aus unserem morgigen Treffen wird leider nichts, denn ich _______________ (mu??) am Nachmittag – du wirst es kaum glauben – nochmal in die Schule. Die Schulkonferenz hat nämlich _______________ (beschlo??en), dass unsere _______________ (Kla??enräume), die wirklich sehr _______________ (hä??lich) aussehen, renoviert werden sollen. Und da dafür nicht genügend Geld vorhanden ist, sollen dies die Schülerinnen und Schüler selbst machen. Das soll angeblich _______________ (Spa??) bringen! Haha! So werden wir die Zeit damit verbringen die Decke zu _______________ (wei??en), den _______________ (Wa??erhahn) zu reparieren und das _______________ (Türschlo??) zu ölen. Während du vermutlich den freien Nachmittag _______________ (genie??t), indem du faul am Strand liegst und Eis _______________ (i??t), werde ich mich in der Schule abquälen _______________ (mü??en). (Als ob der Vormittag nicht schon reicht!) Zur Zeit habe ich wirklich _______________ (gro??es) Pech. Am Freitag hatte ich mich mit Sarah verabredet, doch auch das kann ich _______________ (verge??en), denn sie _______________ (entschlo??) sich lieber mit John ins Kino zu gehen. Dann eben nicht! Zum _______________ (Schlu??) aber noch eine gute Nachricht: Ich habe noch zwei Karten für das _______________ (Fu??ballspiel) am Samstag bekommen. Sag mir bitte Bescheid, ob du mitkommst.

Viele _______________ (Grü??e)

Yannik

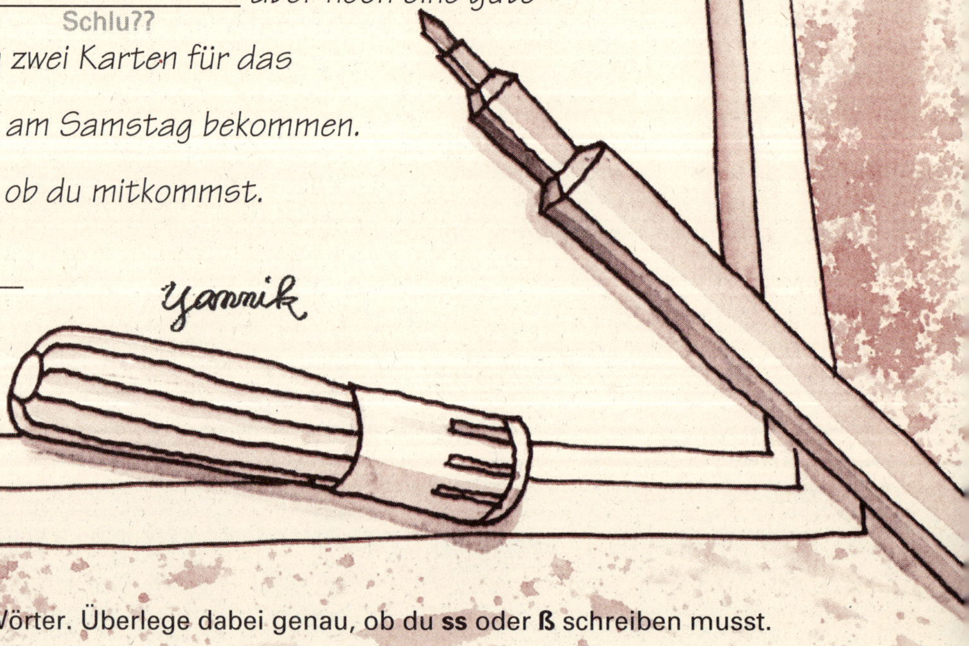

1 Ergänze die fehlenden Wörter. Überlege dabei genau, ob du **ss** oder **ß** schreiben musst.

Wörter mit s-Lauten gesucht!

1 Löse das folgende Rätsel:

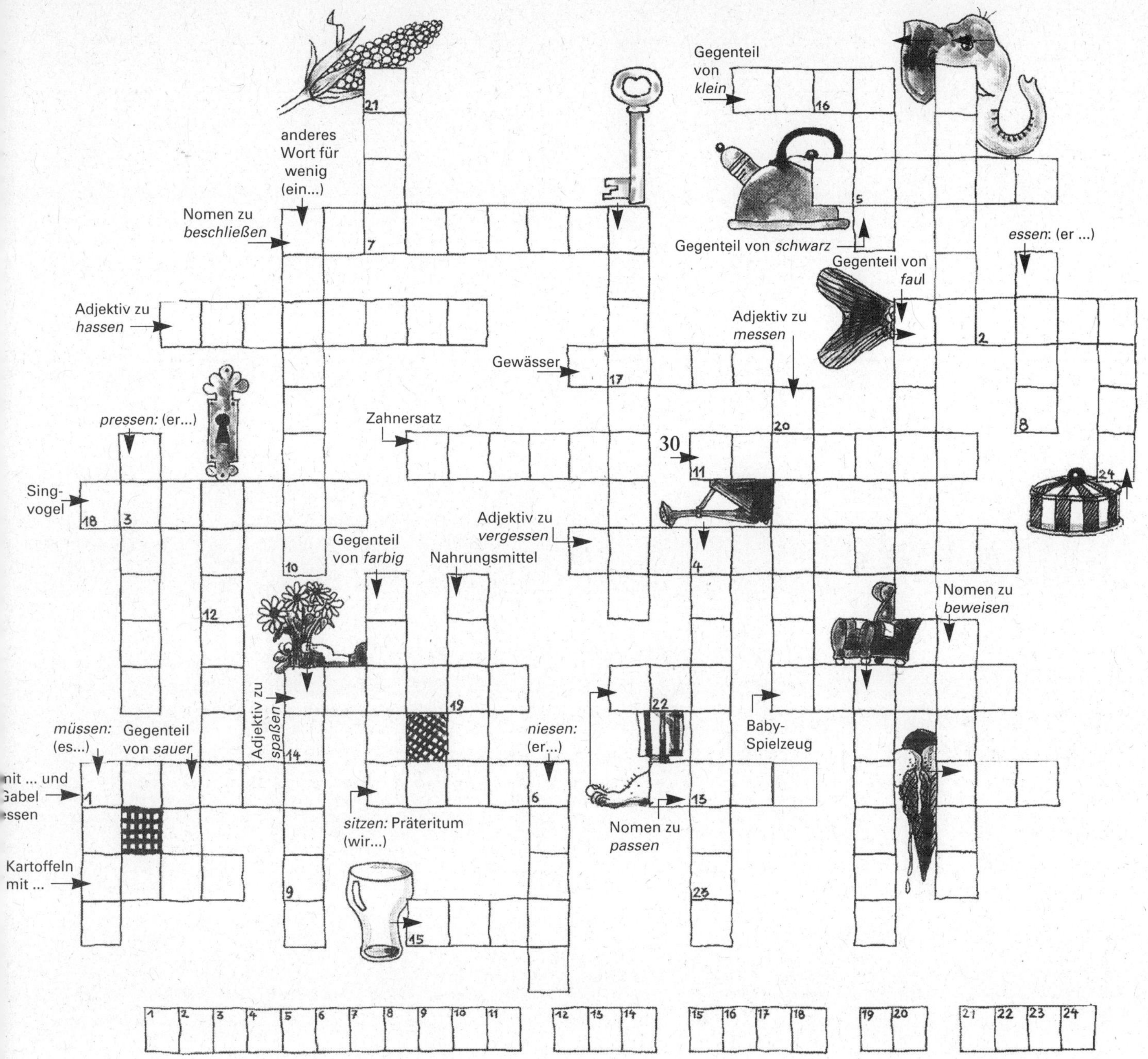

2 Diktiert euch den folgenden Text als Partnerdiktat.

Eine unvergessliche Nacht

Am Mittwoch mussten wir unseren Klassenraum renovieren. Die Arbeit machte keine großen Probleme, doch waren wir am Abend alle sehr müde. Als wir zum Schluss die Stühle und Tische gerade wieder in den Klassenraum getragen hatten, bemerkten wir, dass wir den Fußboden nicht gereinigt hatten und überall weiße Farbkleckse zu sehen waren. Deshalb beschlossen wir alle Möbel nochmal hinauszutragen um den Boden richtig säubern zu können. Schließlich war alles erledigt und Frau Wischermann, unsere Klassenlehrerin, schloss zufrieden den Raum ab. Eigentlich hatte die Arbeit Spaß gemacht. Was wir allerdings nicht wussten, war, dass wir Peggy aus Versehen eingeschlossen hatten. Sie hatte in der Klasse noch ihren Schlüssel gesucht. Doch das hatte niemand bemerkt und sie selbst hatte in diesem Moment auch nicht aufgepasst. Erst am nächsten Morgen wurde sie vom Hausmeister entdeckt. Diese Nacht wird für sie sicherlich unvergesslich bleiben.

Das oder dass?

Die Schule meiner Träume

1. Wie ein moderner Freizeitpark sieht das Schulgelände aus.
2. Der Schulbesuch ist freiwillig, das steht fest.
3. Die Lehrer bereiten ein Lernangebot vor, das allen gefällt.
4. Ein Unterrichtsfach, das Schülerinnen und Schülern Probleme bereitet, wird sofort abgeschafft.
5. Computer und modernste Geräte schmücken die Klassenzimmer.
6. Jeder Schüler erhält zum Schuljahresende ein Zeugnis, das nur gute Noten aufweist.
7. Könnt ihr euch das vorstellen?

1 In jedem Satz taucht das Wort *das* auf. Ersetze es immer durch *dieses* oder *welches*. Schreibe die neuen Sätze auf.

Wenn ich die Schule hinter mir hätte...

2 Schreibe mit einem dass-Satz auf, was die Jugendlichen *meinen, vermuten, glauben, hoffen, bedauern* oder *denken.* (Beachte die Kommasetzung.)

Leonie meint, dass sie endlich Zeit für wichtige Dinge hätte.

Schule früher

Ob es stimmt, ____________ vor hundert Jahren fast nur Jungen in öffentliche Schulen gingen, während die Mädchen meist zu Hause blieben?

Oder meinst du, ____________ hat sich jemand nur ausgedacht?

Auch ____________ folgende Gerücht könnte wahr sein: Demnach soll fast jedes Schulkind, ____________ einen weiten Weg hatte, damals auf einem Pferd zur Schule geritten sein ____________ graste dann während der Schulstunden auf dem Sportplatz.

Stimmt es, ____________ auch die Schulräume ganz anders aussahen?

____________ Klassenzimmer, ____________ vor zehn Uhr morgens nicht betreten werden durfte, soll zugleich auch das Wohnzimmer des Hausmeisters gewesen sein. Ob ____________ wohl wahr ist?

Auch wird erzählt, ____________ die Schülerinnen und Schüler damals auf langen Bänken saßen und ____________ die Tischflächen schräg gestellt waren.

Oder glaubst du eher____________ Folgende: Häufig gab es gar keine Bänke und ____________ bedeutete: Die ganze Klasse musste auf dem Fußboden sitzen.

Und noch etwas: Es wird berichtet, ____________ man damals mit Griffeln auf Schiefertafeln geschrieben haben soll.

Doch was bedeutet ____________ eigentlich? Hat jeder Schüler eine eigene große Tafel unterm Arm mit in die Schule gebracht? Und war der Griffel vielleicht aus einem Material, ____________ heute zur Herstellung von Tinte verwendet wird?

Oder meinst du, ____________ ein Griffel ein Schreibgerät aus Ton oder aus einer Kreideart war?

Übrigens wird erzählt, ____________ es Linkshändern früher verboten war mit der linken Hand zu schreiben. Sie mussten angeblich umlernen und mit rechts schreiben.

Auch hört man häufig, ____________ manche Lehrer damals sehr streng waren. Doch ob es stimmt, ____________ es ihnen erlaubt war freche Schüler mit Stockschlägen zu bestrafen?

Was meinst zu dazu?

3 Setze in die Lücken *das* oder *dass* ein. (Zur Erinnerung: Du schreibst *das*, wenn du dafür auch *dieses* oder *welches* einsetzen kannst.)

4 Diktiert euch den Text als Partnerdiktat. (Übrigens: Nur die Sätze, in die ihr *dass* einsetzen müsst, sind wahr.)

Frankfurter Abendblatt

Meisterschaften im Geräteturnen

Ab nächsten Mittwoch ist es so weit: Die jährlichen Meisterschaften im Geräteturnen stehen wieder vor der Tür. Fast vierzig junge Sportlerinnen und Sportler werden in diesem Winter mit dabei sein und sich sicherlich einen phantastischen Wettkampf liefern. Die Nachrichtensprecher haben schon ihre Photokameras und Mikrophone bereitgelegt. Einige haben sogar noch schnell ihre Kenntnisse in Stenographie aufgefrischt, damit auf diese Weise einem guten Bericht nichts mehr im Wege steht. Nur etwas macht uns Sportbegeisterten noch Sorge: Wird „Barren-Hannes" auch wieder dabei sein?

Sie erinnern sich: Barren-Hannes ist der bei allen beliebte Sportler, der nicht nur durch seine Erfolge am Barren, sondern vor allem durch seine Fernsehwerbung für Spaghetti bekannt geworden ist. Zur Zeit befindet er sich jedoch zusammen mit seinem Panther Felix auf seiner Yacht, wo er schon seit einer Woche krank im Bett liegt. Noch immer liegen die Ärzte darüber im Streit, ob seine Magenverstimmung auf verdorbenen Thunfisch oder sogar auf einen alten Joghurt zurückzuführen ist. Auf jeden Fall wird Barren-Hannes zur Zeit noch mit Penicillin versorgt. Er selbst hofft natürlich das Sportereignis nicht im dicken Mohairmantel von außerhalb verfolgen zu müssen, sondern bereits ab Mittwoch selbst mit dabei sein zu können. Wir drücken die Daumen, denn was ist schon eine Meisterschaft ohne Barren-Hannes?

1 In dem Text sind zehn Fremdwörter versteckt. Finde sie heraus und unterstreiche sie. Markiere anschließend die Stellen, die die Wörter "fremd" erscheinen lassen.

2 Für die im Text vorkommenden Fremdwörter kannst du auch eine deutsche Schreibweise verwenden. Ordne die Wörter in eingedeutschter Schreibung in die Tabelle ein:

ph → f	th → t	gh → g	ai → ä	y → j	c → z
fantastischen					

3 Schreibe zu den folgenden Fremdwörtern verwandte Wörter auf. Das Wörterbuch hilft dir dabei.

Telefon ___

Biografie ___

Foto ___

Grafik ___

Stenograf ___

Fantasie ___

Liebe Journalistin Jäger,

über den Artikel, der vor ____________ drei Tagen im Frankfurter Abendblatt erschienen ist und in dem Sie über mich und meine ________________ berichten, habe ich mich sehr gefreut. Allerdings hat darin noch ein schönes ____________ gefehlt! Da sich immer wieder Personen per ______________ nach meinem Befinden erkundigen, schreibe ich nun diesen Brief, zumal ich eine solche Art der Mitteilung besser finde, als in ein ________________ zu säuseln oder jemandem beim ____________________ zugucken zu müssen.

Nun zum Wesentlichen: Zur Zeit liege ich krank im Bett und lese ein Buch über Katzen, was mein Haustier sehr eifersüchtig macht. Magenbeschwerden habe ich leider immer noch. Dies kann ich eigentlich gar nicht verstehen, denn ich nehme doch sehr abwechslungsreiche Nahrung zu mir: ______________, ________________ mit ________________ und zum Nachtisch gelegentlich etwas ________________. Leider habe ich häufig Langeweile. Nicht dass ich keine ________________ hätte, doch während ich vor zwei Wochen noch ________________ getanzt habe, darf ich jetzt fast nicht einmal mehr meinen kleinen Zeh bewegen. Vielleicht fange ich morgen mit ______________ an. Eines aber steht fest: Bei den Meisterschaften bin ich auf jeden Fall dabei. Zwar werde ich vorher nicht mehr üben können, aber was ein talentierter Sportler ist, der schafft das auch so! Schließlich bringt mir ein Sieg auch wieder ein bisschen Kleingeld in mein ____________________.

Freuen Sie sich also auf meinen Auftritt.

Viele Grüße an alle Fans, Ihr Barren-Hannes.

Nachtrag der Journalistin:
Diesen Brief schrieb mir Barren-Hannes am 10.1.
Bei den Meisterschaften war er dann leider so schlecht in Form, dass sein Auftritt eher einem ______________ glich. Er schied daher schon in der Vorrunde aus.

ungefähr

Lebens-geschichte

Lichtbild

Fern-sprech-gerät

Laut-verstärker

in Kurzschrift aufnehmen

Milch-produkt

lange Nudeln

ße Masse us Zucker nd Mandeln

Dickflüssiges aus Eigelb und Öl

Reihentanz

Vorstellungs-kraft

indische Entspannungs-übung

Geldbörse

Witzeinlage

4 In diesem Brief fehlen Fremdwörter mit eingedeutschter Schreibweise. Vervollständige den Brief. Die Silben helfen dir bei der richtigen Schreibung.

5 Vergleicht eure eingetragenen Wörter und schlagt bei Unklarheiten im Wörterbuch nach. Diktiert euch anschließend den Text als Partnerdiktat.

bi - Fan - fie - fie - Fo - fon - fon - ga - gat - get - gra - gra - gurt - Jo - Jo - jo - ka - le - lo - Ma - Mik - mo - nä - nä - nee - no - Nu - o - Po - Port - ren - ro - se - se - sie - Sketsch - Spa - Ste - ta - Te - tis - to - zir

Für manche Fremdwörter gibt es auch deutsche Schreibweisen:
Fantasie, Getto, Majonäse, ...

Nomen/Substantive

DIE NAHE ZUKUNFT MACHT MIR ANGST UND BANGE. DENN WER GERÄT BEIM GEDANKEN ANS HOHE ALTER NICHT IN PANIK?

ES TUT MIR LEID, ABER ICH HABE MIR IN BEZUG AUF DIE NÄCHSTEN JAHRE NOCH NIE GEDANKEN GEMACHT.

WELCHE ZUKUNFT? WENN WIR NICHT MAß HALTEN KÖNNEN, IST DIE UMWELT SOWIESO BALD ZERSTÖRT. UND DARAN IST NUR DIE MENSCHHEIT SCHULD. NICHT EINMAL ZU GUNSTEN DER TIERE WIRD HEUTZUTAGE AUF ETWAS VERZICHTET.

DIE KOMMENDEN GENERATIONEN MÜSSEN VERMUTLICH NICHT MEHR ZUR SCHULE GEHEN. GELERNT WIRD DANN NUR NOCH IM EIGENEN ZIMMER VORM BILDSCHIRM. DAMIT WERDE ICH RECHT BEHALTEN.

ICH BRAUCHE MIR DOCH NUR IM FERNSEHEN DIE RAUMSCHIFFFILME ANZUGUCKEN. DANN WEIß ICH, WAS DIE ZUKUNFT BRINGT.

IM HINBLICK AUF DI ZUKUNFT SOLLTEN WIR NICHT AUßER ACHT LASSEN, DAS VERMUTLICH JEDE EINEN PRIVATJET BESITZEN WIRD.

WAS MICH IN DER KOMMENDEN ZEIT ERWARTET? DUTZENDE VON GRAUEN HAAREN, DIE MIR LEIDER VIEL ZU HÄUFIG ZU BERGE STEHEN WERDEN!

1 Unterstreiche alle Nomen/Substantive. Wenn du bei einem Wort nicht sicher bist, dann überprüfe, ob ein Artikel davor steht oder davor stehen könnte. (Manchmal ist der Artikel auch versteckt, z.B. *beim Gedanken = bei dem Gedanken.)*

2 Ordne die Nomen/Substantive in die folgende Tabelle ein:

Nomen / Substantive

mit Artikel	mit verstecktem Artikel	ohne Artikel

Nomen/Substantive werden großgeschrieben. Du erkennst sie daran, dass ein Artikel davor stehen kann:
die Angst und (die) Bange, ein Leid, im Stande

Nominalisierte/ substantivierte Verben

1 Finde in der Anzeige die zwölf Verben, die als Nomen/Substantive gebraucht werden, und unterstreiche sie.

2 Schreibe alle als Nomen/ Substantive gebrauchten Verben (=nominalisierte/ substantivierte Verben) heraus. Setze immer einen Artikel davor.

Werbeangebot

Das lange Warten ist jetzt vorbei! Denn das folgende Angebot wird euch zum Staunen bringen. Wir bieten erstmals eine Reise in **die Zukunft** an. Legt die Arbeit zur Seite und lasst das Aufräumen sein. Denn wenn ihr heute bucht, werdet ihr aus dem Träumen nicht mehr herauskommen. Bequemes Reisen in einem hochmodernen Luxusfahrzeug, Erleben von bisher unbekannten Sphären und Ausspannen in einer anderen Umgebung... Wer kann hier noch widerstehen? Deshalb: Geratet nicht nur ins Schwärmen, sondern sichert euch gleich einen Reisetermin! Aber Achtung: Ein vorzeitiges Bezahlen ist die Voraussetzung für den Antritt zu dieser unvergesslichen Fahrt, denn wer weiß schon, was die Zukunft bringt! Übrigens: Wer am Zustandekommen weiterer Reiseverträge beteiligt ist, fährt zum halben Preis. Also: Empfehlt uns auch an eure Freunde weiter!

das lange Warten, zu dem St... ________________________________

____

____

____

Liebe Caroline,

falls wir uns heute nicht mehr 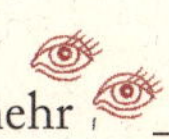 ______________ sollten, möchte ich dir ______________ (MITTEILEN), dass ich eine Reise unternehmen werde. Das 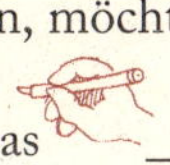 ______________ dieses Briefes fällt mir nicht leicht, denn eigentlich wollte ich gern persönlich mit dir darüber 

______________ . Doch das ______________ (PACKEN) meiner Koffer wird leider so lange dauern, dass aus einem gemeinsamen ______________ (TREFFEN) wahrscheinlich nichts mehr wird. Daher nun alles in Kürze: Gestern habe ich beim ______________ der Anzeigen am schwarzen Brett ein verlockendes Reiseangebot entdeckt. Stell dir vor: Dort wurde für eine Reise in die Zukunft geworben. Du findest das sicherlich zum 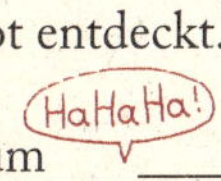

______________, aber in diesem Zeitalter ist ja inzwischen alles möglich. Ich jedenfalls kann die Fahrt gar nicht mehr ______________ (ERWARTEN) und habe vor Aufregung schon starkes  ______________. Zum Glück hat das lange ______________ (HERUMSITZEN) ja bald ein Ende, denn schon morgen werde ich  ______________, wie die Welt in einigen Jahren aussehen wird. Bevor ich jetzt jedoch ins ______________ (TRÄUMEN) gerate, mache ich lieber Schluss.

Bis demnächst Sarah

3 Setze in die Lücken die fehlenden Verben ein. (Achtung: Acht Verben sind nominalisiert/ substantiviert und müssen großgeschrieben werden.)

Nominalisierte/substantivierte Verben werden großgeschrieben. Du erkennst sie daran, dass ein Artikel davor stehen kann: *das Reisen, ein Klopfen, ins Träumen (in das Träumen).*

Nominalisierte/substantivierte Adjektive

Leider nur ein Traum

KURZ NACH MEINEM EINSTIEG SETZT SICH DAS RAUMSCHIFF IN BEWEGUNG. EIN FREMDER ÜBERWACHT DEN KURS. DIE FAHRT ERFOLGT IM GROßEN UND GANZEN RUHIG. DOCH DANN FAHREN WIR IN EINEN GROßEN TUNNEL.

IM DUNKELN GEHT ES WEITER. IM ALLGEMEINEN BIN ICH NICHT ÄNGSTLICH. DOCH NUN STEIGT MEINE ANGST INS UNERMESSLICHE. HOFFENTLICH BIN ICH BALD WIEDER IM SICHERN.

GESPANNT STEIGE ICH AUS DEM RAUMSCHIFF. DIESE REISE IST FÜR MICH GENAU DAS RICHTIGE. NUN VERLÄSST AUCH DER LETZTE DAS FAHRZEUG.

SCHLIEßLICH LANDEN WIR. EINE LANGHAARIGE RUFT: „WILLKOMMEN IM JAHR 2100! ALLES AUSSTEIGEN, BITTE!"

DOCH KAUM HABE ICH MICH VON DER GRUPPE ENTFERNT, SPÜRE ICH KALTES NEBEN MIR... ...DANN ... WACHE ICH AUF!!!

DANN WIRD ES WIEDER HELL. DER KLEINE NEBEN MIR ZEIGT AUF EIN SCHILD: 2094. DOCH ES GEHT NOCH WEITER.

1 Nummeriere die Textabschnitte in der richtigen Reihenfolge.

2 In dem Text findest du elf Adjektive, die hier als Nomen/Substantive gebraucht werden und deshalb großgeschrieben werden. Unterstreiche sie.

3 Schreibe den Text in der richtigen Reihenfolge in dein Heft. Beachte die Großschreibung.

1. etwas bis ______ geplant haben
2. eine Sache ______ bringen
3. sich über etwas ______ sein
4. zum Geburtstag ______ wünschen
5. ______ fischen
6. genau ______ treffen
7. es bleibt alles ______
8. es gibt ______ zu berichten
9. auf ______ sitzen
10. ______ schon kennen

4 Hier werden Redewendungen mit nominalisierten/substantivierten Adjektiven gesucht. Setze die fehlenden Wörter ein. Beachte dabei die Großschreibung.

5 Unterstreiche alle nominalisierten/substantivierten Adjektive, vor denen ein Artikel steht, rot und die mit versteckten Artikeln blau. (Achtung: In drei Fällen steht anstelle eines Artikels ein Zahlwort. Wähle hierfür eine dritte Farbe.)

Nominalisierte/substantivierte Adjektive werden großgeschrieben. Du erkennst sie daran, dass ein Artikel davor stehen kann: *das Richtige, ein Leichtes, im Allgemeinen (= in dem Allgemeinen).*

Andere nominalisierte/substantivierte Wortarten

Pläne für eine Reise in die Zukunft:

- Yannik fragen, ob er doch noch mitkommt (Das ewige Hin und Her nervt!) Das Meine habe ich damit erledigt!
- Fahrt vor Eltern geheim halten (könnte sonst das Aus bedeuten!)
- Reise im Voraus bezahlen
- vor der Fahrt großes Durcheinander vermeiden
- während der Fahrt auf alles gefasst sein und nicht an das Danach denken
- um den Besuch eines Nachbarplaneten bitten (von Vornherein deutlich machen, dass ich ein Nein nicht akzeptiere!)
- außerirdischen Wesen das Du anbieten
- hoffentlich habe ich im Nachhinein nichts vergessen!

1 Wie du an der ersten Notiz siehst, können außer Verben und Adjektiven auch andere Wortarten als Nomen/Substantive gebraucht werden. Unterstreiche in den weiteren Notizen die nominalisierten/substantivierten Wörter.

2 Schreibe alle nominalisierten/substantivierten Wörter heraus und setze immer einen Artikel davor:

das Hin und das Her, das Meine,

3 Bilde mit den Wörtern rechts Sätze über die Zukunft. Unterstreiche in jedem Satz die nominalisierten/substantivierten Wörter.

Alle Wortarten können als Nomen/Substantive gebraucht werden.
Nominalisierte/substantivierte Wörter werden großgeschrieben:
das Seine, ein Durcheinander, im Voraus

Verschiedene nominalisierte / substantivierte Wortarten

1 Entscheide, ob die Lückenwörter groß- oder kleingeschrieben werden müssen. (Wenn du unsicher bist, hilft dir die Artikel-Probe.)

(1) GENIEßEN
(2) WANDERN
(3) GRÜNEN
(4) ÜBERQUEREN
(5) RADFAHREN
(6) VERFÜGEN
(7) FOLGENDEN
(8) AUFMERKSAM
(9) VORNHEREIN
(10) BESSEREN
(11) BETRETEN
(12) ACHT
(13) BELÄSTIGEN
(14) SEITEN
(15) BESTE
(16) AUFSUCHEN
(17) EINTAUSCHEN
(18) GUTE
(19) VORAUS

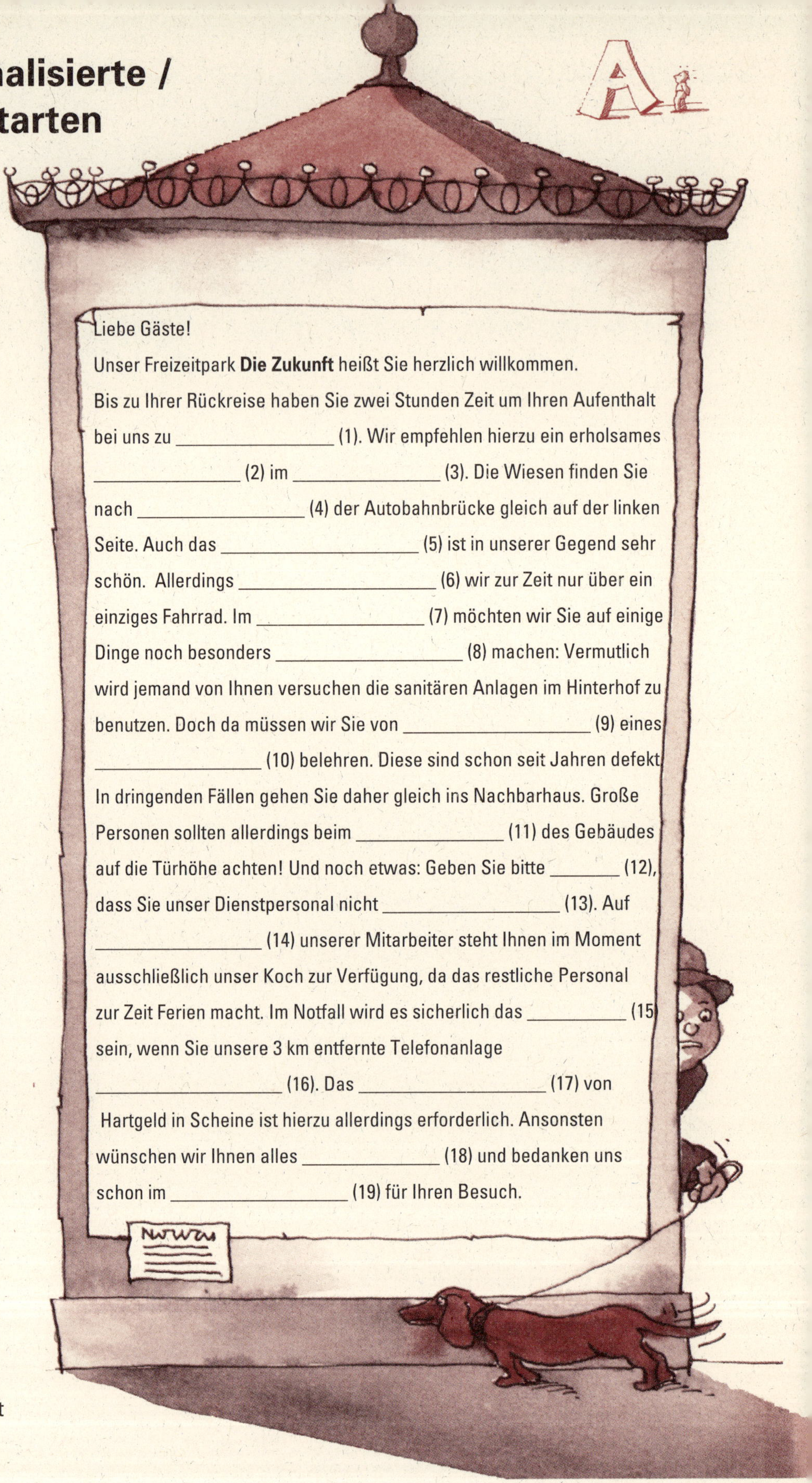

2 Diktiert euch den folgenden Text als Partnerdiktat.

Eine Reise ins Ungewisse

Eigentlich hatte sich Sarah das Reisen in die Zukunft ganz anders vorgestellt. Durch eine Anzeige am schwarzen Brett war sie auf ein solches Angebot aufmerksam geworden. Demnach sollte es ein Leichtes sein das Unbekannte zu erforschen. Sofort geriet Sarah ins Schwärmen und träumte von einer anderen Welt. Doch was sie nicht wusste, war, dass die andere Welt in Wirklichkeit ein langweiliger Freizeitpark war, der nur den Namen „Die Zukunft" trug.

Der Tag war im Großen und Ganzen ein einziger Reinfall. Etwas Derartiges hatte sie wirklich noch nie erlebt und sie war nicht die Einzige, die sich später über diesen Ausflug beschwerte. Selbst der angeblich hochmoderne Reisebus gab auf der Rückreise seinen Geist auf. Sarahs Freunde hatten mit ihren Einwänden also Recht gehabt. Doch auf deren ewiges Wenn und Aber hatte sie nicht hören wollen.

Höfliche Anreden

1 Ergänze in den beiden Briefen die fehlenden Anredepronomen. Denke daran, dass man nur die Höflichkeitsanrede „Sie“ und die dazugehörenden Formen (Ihre, Ihnen, ...) großschreibt.

YANNIK

Liebe Frau Sterngucker!
Ich habe Ihre Anzeige im Möllner Report gelesen und bin sehr an Ihrer Wahrsager-tätigkeit interessiert. Zum einen möchte ich gerne wissen, woher ____ ____ Informationen über die Zukunft eigentlich nehmen. Zum anderen habe ich auch noch einige persönliche Fragen:
1. Können ____ mir sagen, was ich in Mathe habe?
2. Ist ____ bekannt, ob der Hamburger SV am Samstag das Fußballspiel gewinnen wird?
3. Und die letzte Frage an ____: Wann kriege ich eigentlich endlich mal eine Freundin? (Ich wäre ____ sehr dankbar, wenn ____ mir auch schon sagen könnten, wer es sein wird!)
Wie ____ sehen, möchte ich ____ viele Fragen stellen. Schreiben ____ mir doch einfach ____ Adresse auf, damit wir unter vier Augen sprechen können. (Aber bitte kostenlos!)
Bis dann, ____ Yannik Steffen

Lieber Yannik,

vielen Dank für deinen Brief. Leider warst du der Einzige, der auf meine Annonce geantwortet hat. Über ____ Interesse habe ich mich sehr gefreut, aber leider muss ich ____ enttäuschen, denn ____ Fragen werde ich ____ nicht beantworten können. Woher ich meine Informationen über die Zukunft bekomme, darf ich ____ nicht sagen. Das ist mein Berufsgeheimnis. Und über ____ persönlichen Fragen kann ich ____ erst Auskunft geben, wenn ____ über 18 Jahre alt bist. (Schade, denn natürlich weiß ich alle Antworten!) Ich würde vorschlagen, ____ besprichst ____ Sorgen und Ängste bis dahin mit ____ Freunden. Sicherlich findet ____ für alles eine Antwort. Vielleicht seht ____ ____ auch einmal Horoskope an. Bestimmt habt ____ Zeitschriften zu Hause, in denen solche zu finden sind.

Viele Grüße

____ Elvira Sterngucker

In der Höflichkeitsanrede werden „Sie“ und die dazugehörenden Formen großgeschrieben:
Woher wissen Sie das? Ist das Ihre Uhr? Kann ich Ihnen vertrauen?

Zeitangaben

Das Horoskop der Woche

Versuche dich heute, am Sonntag, noch zu entspannen, denn morgen beginnt für dich eine aufregende Woche. Bereits am Montagvormittag wirst du eine Person aus der Nachbarschaft kennen lernen. (Achte deshalb darauf, dass du dich morgen sorgfältiger kleidest und nicht wie am letzten Freitag in Jogginghose das Haus verlässt!)
Für den Dienstagnachmittag solltest du dir nichts vornehmen. (Vermutlich hast du zum frühen Abend ohnehin wieder Magenbeschwerden.) Überhaupt solltest du dienstags deinem Körper zuliebe kürzer treten.
Wie immer ist Mittwoch dein Glückstag. Dies gilt auch für den kommenden Mittwoch, an dem dir deine Bekannten am Nachmittag vor Bewunderung auf die Schulter klopfen werden. (Deswegen aber am späten Abend nicht gleich übermütig werden!)
Von Donnerstagmittag bis Freitagabend erlebst du den Höhepunkt der Woche: eine neue Frisur, nagelneue Hausschuhe und die lang erwartete Zahnspange!
Am Samstag und auch den ganzen Sonntag über solltest du zu Hause bleiben. Denke am besten über die kommende Woche nach, damit diese spätestens ab Dienstag wieder genauso aufregend und abwechslungsreich wird wie die letzte!

1 Unterstreiche in dem Text alle Zeitangaben.

2 Schreibe alle Zeitangabe heraus, die Nomen/Substantive sind. Setze immer einen Artikel davor:

an dem Sonntag

3 Schreibe aus den folgenden Zeitangaben alle Nomen/Substantive heraus. (Bei richtiger Lösung ergeben die Großbuchstaben einen Tiernamen.)

MORGENS - AM FREITAGABEND - HEUTE - DIENSTAGS - AM ABEND - MITTAGS - GESTERN - AM FRÜHEN SONNTAG - FREITAGS - GEGEN ABEND - IN DER NACHT

Das Horoskop für den Vierbeiner

Schon *vorgestern am Nachmittag*

Denn schon *heute am Nachmittag*

Und ab *morgen am Mittag*

Doch *heute am Morgen*

Bereits *morgen am Abend*

Und *übermorgen am Mittag*

Übrigens, *gestern in der Nacht*

hättest du lieber im Korb bleiben sollen.

wirst du auf dein Futter besonders Acht geben müssen.

hast du eine Entscheidung getroffen, die dein Leben tierisch verändern wird.

wirst du unterm Sofa eine erstaunliche Entdeckung machen.

wird sich ein hundsgemeiner Verdacht bestätigen.

hat ein Dackel an dich gedacht, den du bereits kennst!

lernst du eine verrückte Hundedame mit goldenem Flohhalsband kennen.

3 Schreibe die Sätze in dein Heft. Verkürze dabei in jedem Satz die schräg gedruckte Zeitangabe. Schreibe also so:
Schon vorgestern Nachmittag hast du...

4 Schreibe für einen Freund oder eine Freundin ein Horoskop. Verwende dabei die Zeitangaben vom Rand. (Achte auf die Großschreibung der Nomen/Substantive.)

5 Diktiert euch den folgenden Text als Partnerdiktat.

Vom Sinn oder Unsinn der Horoskope
Was hältst du von Horoskopen? Seit gestern bin ich mir da nicht mehr so sicher. Eine Bekannte hat mich am letzten Mittwoch auf die Idee gebracht durch Horoskope etwas über meine Zukunft zu erfahren. Da diese Texte samstags immer in der Zeitung abgedruckt sind, habe ich dort sofort nachgesehen. In meinem Horoskop stand, ich würde gleich am Sonntagmorgen riesiges Glück haben und bräuchte bereits am Abend keinen Handschlag mehr zu tun. Sonntag war gestern. Gegen Mittag wollte ich zu meinem Freund fahren, mit dem ich mich einen Tag zuvor, am Samstagnachmittag, verabredet hatte. Doch auf dem Weg dorthin bin ich leider vom Fahrrad gestürzt und habe mir das Handgelenk gebrochen. Seit gestern Abend trage ich nun einen schweren Gipsverband und muss im Bett liegen.
Ob das damit gemeint war?

MORGEN
MORGEN ABEND
GEGEN NACHMITTAG
HEUTE NACHT
AM FREITAGMITTAG
NACHTS
ÜBERMORGEN
DIENSTAGS

Wenn Zeitangaben Nomen/Substantive sind, werden sie großgeschrieben.
Du erkennst solche Zeitangaben daran, dass ein Artikel davor stehen kann:
in der Nacht, am Abend, heute (am) Morgen

1 Im Normalfall werden Wörter getrennt geschrieben. Zeige dies, indem du die richtigen Wortpaare in die Lücken einsetzt.

Was dann?

Wenn euch der Lärm der Autos zu viel wird, wenn ________ Müll auf den Straßen liegt, dass dort niemand mehr fahren kann, wenn ihr nicht mehr ________ an die frische Luft geht, weil diese zu verpestet ist, wenn ihr nicht mehr genau wisst, ________ Bäume im Wald eingegangen sind, weil es einfach ________ waren, wenn es niemanden mehr interessiert, ________ Gift sich im Grundwasser befindet, wenn ________ tote Fische im Fluss schwimmen, dass man sie nicht mehr zählen kann, wenn es ________ gekommen ist, dass ihr Pillen schlucken müsst, weil unsere Lebensmittel vergiftet sind, wenn die Menschen einfach für die Umwelt ________ tun, da sie Wichtigeres zu erledigen haben, wenn dies alles zutrifft, dann gebt Acht: Dann habt ihr etwas falsch gemacht!

so viel
so viel
so
so viel
viele
wie viele
wie viele
zu oft
zu wenig
zu weit

2 Füge in den Text passende Wortpaare vom Rand ein.

Im Normalfall werden Wörter getrennt geschrieben: *kennen lernen, besser gehen, zu viel.*

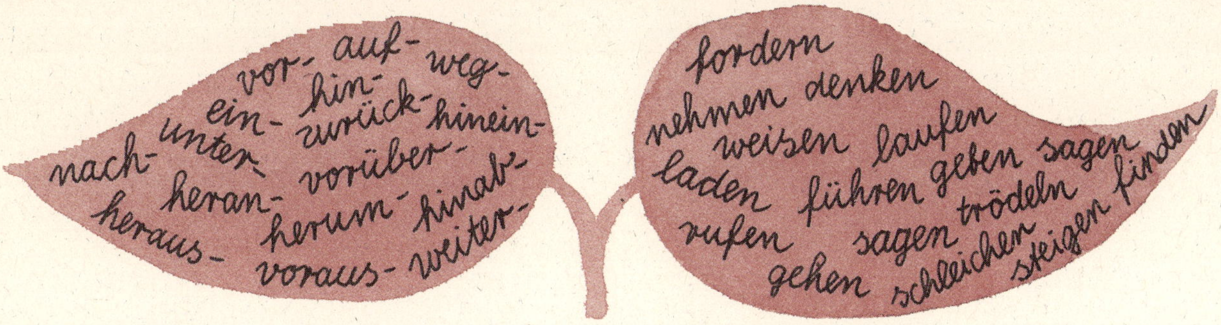

1 Hier werden Wörter ausnahmsweise zusammengeschrieben. Setze jedes Wort aus dem linken Blatt mit einem passenden Verb aus dem rechten Blatt zusammen. Finde zu jeder Zusammensetzung noch eine andere Form.

vornehmen – vorgenommen

Schreibe zwei Wörter nur dann zusammen, wenn sie eine enge Verbindung eingehen: *abbauen, hinausgehen*

2 Setze die Wörter vom Rand mit möglichst vielen Verben zusammen:

haushalten,

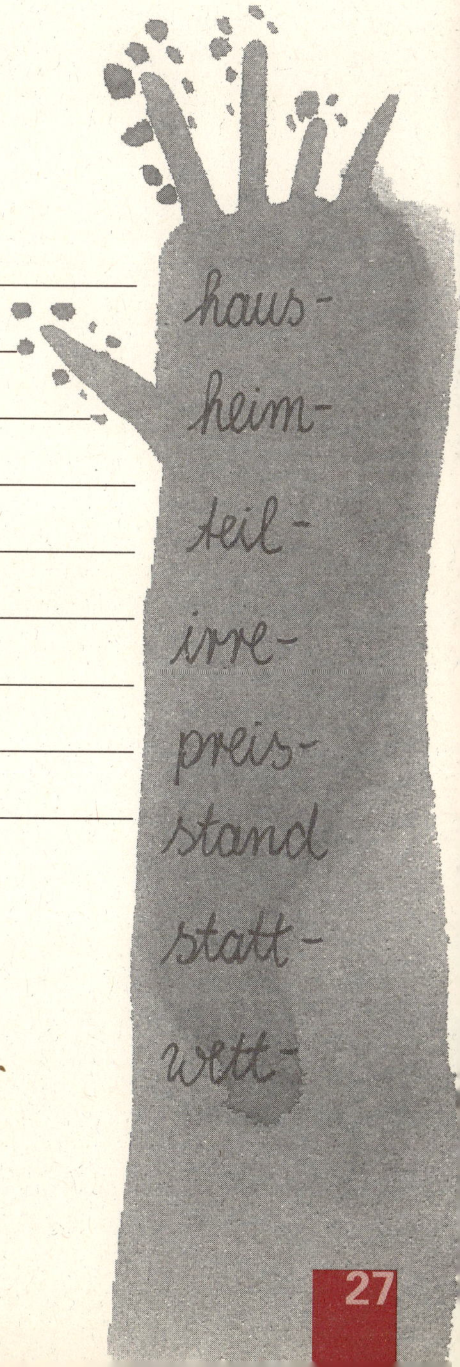

Werden die Wörter haus-, heim-, irre-, preis-, stand-, statt-, teil- und wett- mit einem Verb verbunden, wird immer zusammengeschrieben:
haushalten, heimgehen, irreführen, preisgeben, standhalten, stattfinden, teilnehmen, wetteifern

Umwelt-Fragebogen

1. Kannst du dich über im Wald abgestellte Autowracks oder im Meer versenkte Fahrräder

   ______________________________ (tot+lachen)?

2. Produziert deine Familie so viel Abfall, dass die Müllabfuhr für euch gelegentlich eine zweite Mülltonne

   ______________________________ (bereit+halten)?

3. Würde es dir ______________________________ (fern+liegen) dich im Umweltschutz zu betätigen?

4. Meinst du, Atomunfälle sollte man lieber nicht ______________________________ (bekannt+machen)?

5. ______________________________ (lang+weilen) dich Berichte über bedrohte oder bereits ausgestorbene Tierarten?

6. Würde es dich ______________________________ (zufrieden+stellen), wenn niemand mehr von Umweltproblemen reden würde?

7. Wirfst du, wenn du ______________________________ (fern+sehen), den Müll aus dem Fenster, weil du während eines spannenden Films nicht zum Mülleimer gehen willst?

8. Hältst du es für übertrieben, dass manche Menschen Chemieunfälle ______________________________ (schwer+nehmen)?

9. Würde es dir ______________________________ (leicht+fallen) Altöl ins Waschbecken zu kippen um es schnell und bequem loszuwerden?

10. Hätte derjenige Recht, der dir ______________________________ (wahr+sagen), dass du spätestens in zehn Jahren einen echten Pelzmantel und Schuhe aus Krokodilleder besitzt?

11. Würdest du lieber ______________________________ (schwarz+fahren) als das Fahrrad nehmen?

12. Hältst du es für überflüssig, dass man bei Smogalarm ______________________________ (kurz+treten) soll?

13. Hältst du es überhaupt für lächerlich, dass es manchen Menschen nach einem Bericht über die

    Umweltzerstörung ______________________________ (schlecht+gehen)?

Wenn du mehr als eine Frage mit „Ja" beantwortest, solltest du dich ernsthaft fragen, ob du überhaupt

irgendetwas ______________________________ (wichtig+nehmen)!

1 Sieh dir die in Klammern stehenden Wortpaare aus Adjektiven und Verben genau an. Unterstreiche die sechs Wortpaare, bei denen es keinen Sinn macht das Adjektiv zu steigern: *tot+lachen, ...*

2 Setze die Wortpaare anschließend in der richtigen Form in die Lücken ein. Aufgepasst: Schreibe dabei Adjektiv und Verb nur dann zusammen, wenn es keinen Sinn macht das Adjektiv zu steigern.

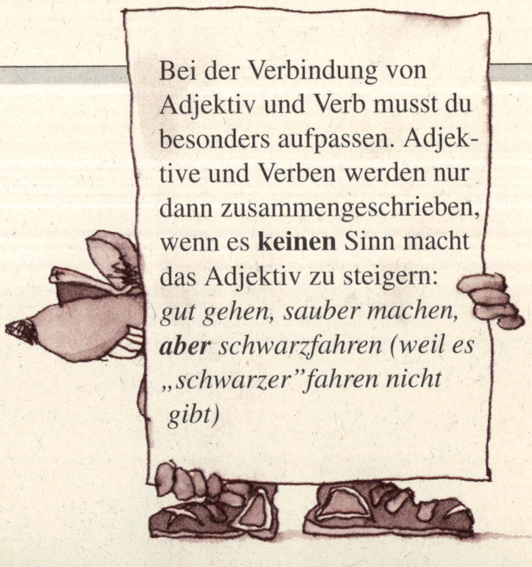

Irgendjemand an irgendeinem Ort:

Hey Leute!

Hat euch ______________________ schon erzählt, dass ______________________ in diesem Jahr bei der Umweltgruppe ein großes Fest stattfindet? Wenn nicht, dann wisst ihr es jetzt. Allerdings treffen wir uns nicht in unserem Clubraum, sondern ______________________ anders. Seht zu, dass ihr dort ______________________ allein hinkommt. (______________________ wird euch schon mitnehmen.) Was dort stattfinden soll, weiß ich auch nicht, vermutlich aber ____________________ Besonderes. Auf jeden Fall solltet ihr selbst ____________________ Getränke besorgen, denn unsere Vereinskasse ist fast leer. Falls ihr noch ______________________ mitbringen wollt, solltet ihr rechtzeitig ______________________ Bescheid sagen, damit wir einen Überblick über die Teilnehmerzahl bekommen. So, ist jetzt noch ____________________ unklar? (Das dürfte eigentlich nicht der Fall sein, denn schließlich habe ich euch ja gut informiert

Also, bis dann.

1 Setze in die Lücken immer eine passende Verbindung mit „irgend-" ein.

2 Diktiert euch den folgenden Text als Partnerdiktat.

Liebe Sarah!
Nachdem ich dir immer wieder von der Umweltgruppe und unserem Einsatz für die Umwelt vorgeschwärmt habe, möchte ich dir zu deinem Geburtstag ein besonderes Geschenk überreichen. Da mir irgendjemand kürzlich erzählt hat, dass ihr gerade einen Gartenteich anlegt, wirst du dich über die beiden Kröten bestimmt riesig freuen. Die Tiere sind bei uns in einen Kellerschacht hineingefallen und konnten nicht mehr herauskommen. Sicherlich wirst du sie liebevoll umsorgen. Sie werden dich auch garantiert nicht langweilen und ihr Quaken kann sehr schön klingen. Hier noch einige Hinweise, damit du alles richtig machst:

Achte darauf, dass ihr euch in der Nähe der Tiere leise verhaltet, denn Kröten mögen keine Unruhe. Übrigens solltet ihr den Teich recht tief graben, denn dann werden sich die Tiere dort besonders wohl fühlen. Und noch etwas: Kröten sind im Unterhalt sehr billig. Ich habe das irgendwann einmal hochgerechnet und dabei festgestellt, dass man für sie nicht viel ausgeben muss. Ich würde gern an deiner Freude teilhaben, doch da du leider nicht da warst, bin ich wieder heimgegangen.

Also, viel Spaß damit, dein Yannik

Schreibung mit Bindestrich

Reif für die Insel

Auf Stress in der U-Bahn oder im D-Zug verzichten und auf einer einsamen Insel das Leben genießen

An einem x-beliebigen Tag auswandern

Sowohl für ein 5-jähriges Kind als auch für 99-Jährige interessant: 14-tägiger Urlaub mit 100-prozentiger Erholung

Kfz-Papiere wegwerfen, UKW-Sender abschalten, 3-Tonner stehen lassen undnur noch die Natur genießen

Urlaub in A-Dur
(A für Abenteuer und Ausspannen)

Erholung: ein kleines 3-silbiges Wort mit großer Wirkung

Nimm deine O-Beine in die Hand und buche noch heute

1 Unterstreiche alle Wörter, die einen Bindestrich haben. Ordne sie anschließend in die Tabelle ein:

Ziffern mit Wörtern	Einzelne Buchstaben mit Wörtern
5-jähriges,	U-Bahn,

2 Ergänze die Tabelle durch weitere Beispiele. (Achtung: Ein Bindestrich steht *nicht* vor reinen Wortendungen, z.B. 68er, 25fach, 100%ig.)

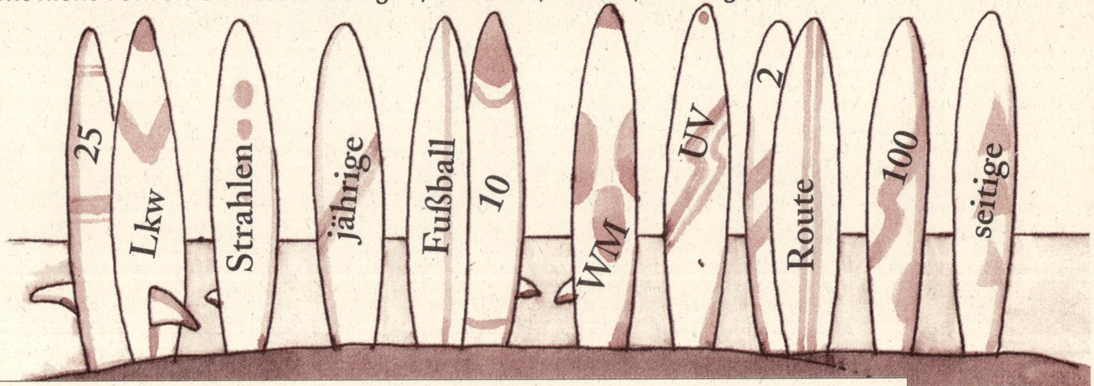

Vorstellungen von einem schönen Urlaub

- modernes Hotelgebäude (______________________ Bauten kommen nicht mehr in Frage!)
- Liveübertragung der ______________________ am Swimmingpool
- keine ______________________ neben dem Hotel
- eine mindestens ______________________ Beschreibung der Freizeitmöglichkeiten
- Hotelkosten dürfen ______________________ Betrag nicht überschreiten
- ausleihbare Bademoden mit integriertem Schutz gegen ______________________

3 Bilde Zusammensetzungen mit Bindestrich und setze diese an passenden Stellen in die Liste ein.

Rücken Ziffern oder einzelne Buchstaben mit Wörtern eng zusammen, setzt man dazwischen einen Bindestrich: *50-jährig, 2-seitig, X-Beine, UKW-Sender*

1 Schreibe die Wörter übersichtlicher auf, indem du immer einen Bindestrich setzt.

2 Schreibe Wörter auf, bei denen sich eine Schreibung mit Bindestrich anbietet, damit die Wörter übersichtlicher werden oder damit Missverständnisse vermieden werden. (Ein Tipp: Falls dir keine solchen Wörter einfallen, sieh im Wörterbuch nach.)

3 Diktiert euch den folgenden Text als Partnerdiktat. (Denkt daran, dass nur die Bindestrich-Schreibungen nach Ziffern oder einzelnen Buchstaben verbindlich sind.)

Nie wieder Urlaub!

Im letzten Jahr plante Familie Steinhagen einen 21-tägigen Urlaub auf eine einsame Insel. Aus einem 100-seitigen Prospekt hatten sie sich ein besonders interessantes Super-luxus-Reiseangebot herausgesucht. In dem Werbeartikel wurde von einem billigen Luxushotel, von einsamen See-Ufern mit hervorragenden Schwimm-Möglichkeiten und einem sehr langen Badestrand gesprochen. Doch was fanden sie an ihrem Zielort vor? Ein 35-stöckiges Hochaus, das so weit vom Strand entfernt lag, dass dieser nur mit einem D-Zug erreicht werden konnte. Das Gebäude selbst hatte man in 13-monatiger Schnellarbeit errichtet. Dementsprechend war auch das Bau-Ergebnis: Der Fahrstuhl hielt in jedem x-beliebigen Stockwerk an; nur nicht dort, wo er sollte. Jeden Morgen kamen riesige Schrott-Transporter und fuhren den Putz und Staub weg, der nachts von den Wänden gefallen war. Als schließlich auch noch der 66-jährige Herr Steinhagen auf nasser Blumentopf-Erde ausrutschte, die von einem Gast auf den Gehweg geworfen worden war, reichte es der Familie endgültig. Nach einem 15-tägigen Ärgernis beendeten Sie ihre Reise vorzeitig und fuhren wieder nach Hause.

Silbentrennung

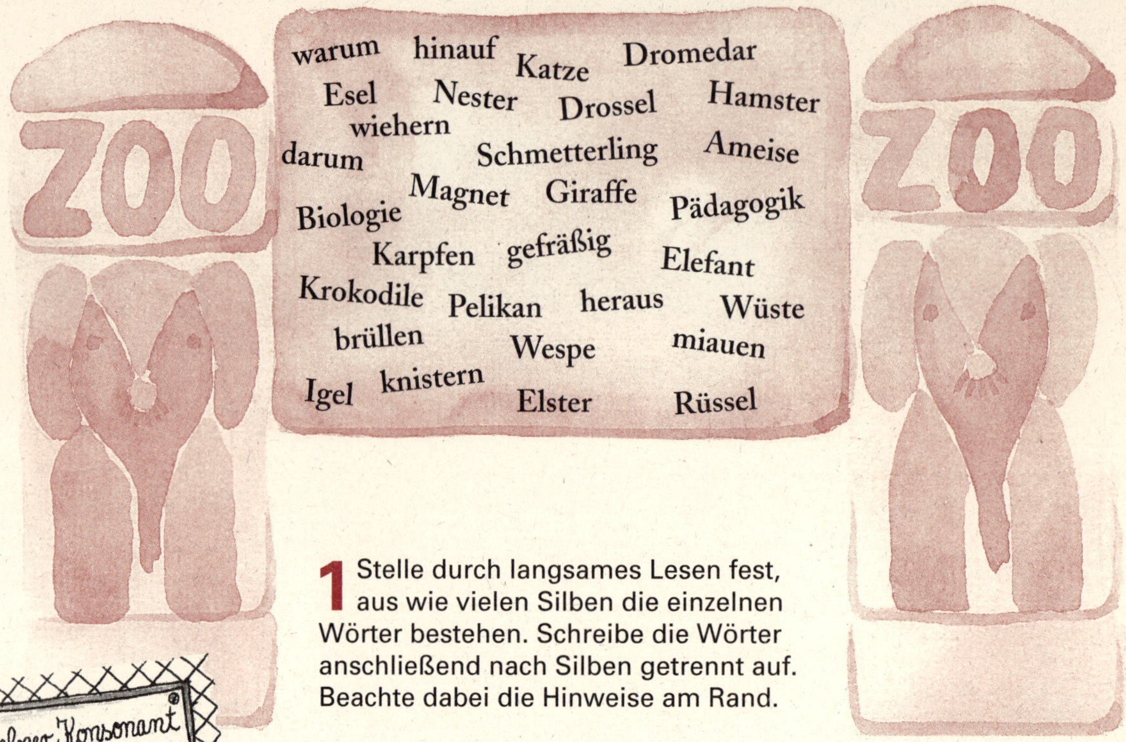

1 Stelle durch langsames Lesen fest, aus wie vielen Silben die einzelnen Wörter bestehen. Schreibe die Wörter anschließend nach Silben getrennt auf. Beachte dabei die Hinweise am Rand.

- Ein einzelner Konsonant kommt auf die nächste Zeile: rei-ten
- Bei mehreren Konsonanten kommt nur der letzte auf die neue Zeile: Karp-fen

wa-rum, E-sel, Nes-ter, ____________________

____

____

____

____

____

____

2 Trenne die folgenden Wörter. Beachte dabei, dass ch, ck und sch immer zusammen bleiben. (Bei richtiger Trennung ergeben die Buchstaben, die vor dem Trennstrich stehen, ein Lösungswort.)

watscheln, schleichen, Zecken, Marder, Dachse, rascheln, Dackel, Pferde, Rappe, Schäfchen, Molche, kriechen, tragbar, meckern, Kälbchen, Mücke, Herde, Bussard, quietschen, Viecher

wa(t)-scheln, ____________________

____

____

____

____

____

____

____

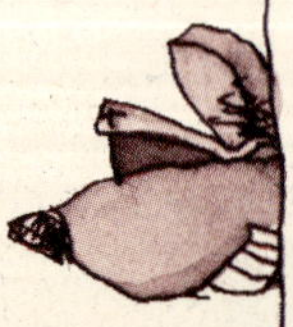

Einfache Wörter werden nach Sprechsilben getrennt. Ein einzelner Konsonant kommt auf die nächste Zeile: *wie-hern*
Sind an der Trennstelle mehrere Konsonanten vorhanden, kommt nur der letzte auf die neue Zeile: *Karp-fen, Nes-ter,*
ch, ck und sch werden gemeinsam abgetrennt: *Lur-che, Go-ckel, Mu-schel*

3 Die folgenden Wörter sind zwar richtig, aber nicht sinnvoll getrennt. Trenne sie sinnvoller.

Sau- natuch *Sauna-tuch*	Altbauer- haltung	Bauer- zeugnis
Schaf- fensdrang	Wetter- gebnis	hinterherren- nen
Wilden- te	Klo- sterhof	
Rührei- mer	Bahnpo- lizei	

4 Auf dem Zettel findest du zusammengesetzte Wörter. Trenne sie an der Stelle, an der sie zusammengesetzt sind.

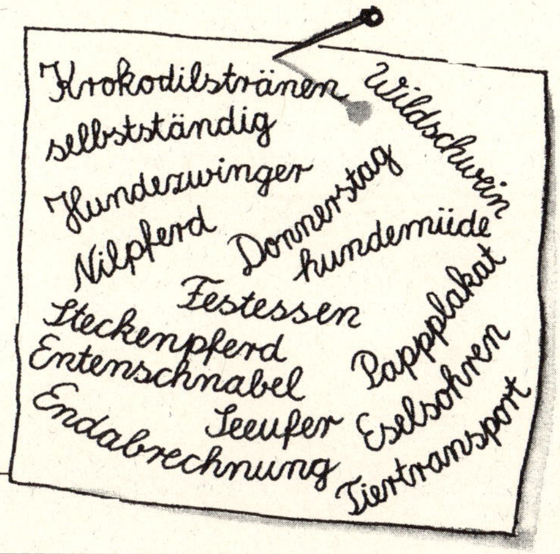

selbst-ständig

5 Lass dir den folgenden Text diktieren. Schreibe ihn auf den schmalen rechten Randstreifen. Beachte dabei die richtige Trennung.

Tierisches

Heute stellen wir euch unsere neuesten Erfindungen vor. Zunächst zeige ich euch das blitznagelneue Herausziehgerät für Krokodilmilchzähne. Dieses kostet sehr wenig, da es noch technische Mängel ausweist. Unser Dauerwellenkamm für Affenlanghaar dagegen wurde bereits häufig getestet und erzielte erstaunlich lockige Ergebnisse. Die meisten von euch warten aber sicherlich auf unser Superpoliertuch, das Pinguinflügel und Pelikanschnäbel wieder auf Hochglanz bringt. Darauf könnt ihr lange warten, denn das ist ausverkauft!

Zusammengesetzte Wörter werden zwischen ihren einzelnen Bestandteilen getrennt: *Haus-schwein*, *ver-brannt*

Wörtliche Rede

1 Setze das Gesprochene immer in Anführungszeichen: Der Detektiv erkundigt sich zunächst: *„Sitzen Sie gut, Frau Witte?"*

Bereits früh am Morgen betritt Frau Witte das Büro des Detektivs Fritz Lupo um ihn mit einem neuen Fall zu beauftragen. Der Detektiv erkundigt sich zunächst: Sitzen sie gut, Frau Witte? Höflich antwortet die Frau: Ja, danke. Daraufhin möchte Herr Lupo wissen: Zieht es Ihnen auch nicht? Frau Witte sieht den Mann an und entgegnet: Nein, gar nicht. Interessiert fragt Detektiv Lupo erneut nach: Haben Sie bequem Platz für Ihre Beine? Etwas ungeduldig erklärt Frau Witte: Ja, ich habe einen sehr guten Platz! Entschlossen ruft nun der Detektiv: Gut, dann lassen Sie uns bitte tauschen!

2 Schreibe das Gespräch zwischen Detektiv Lupo und Frau Witte auf. Setze dabei die Zeichen der wörtlichen Rede.

Aufgeregt erklärt Frau Witte: „Herr Lupo, bitte helfen Sie mir meine verschwundene Brosche wiederzufinden."

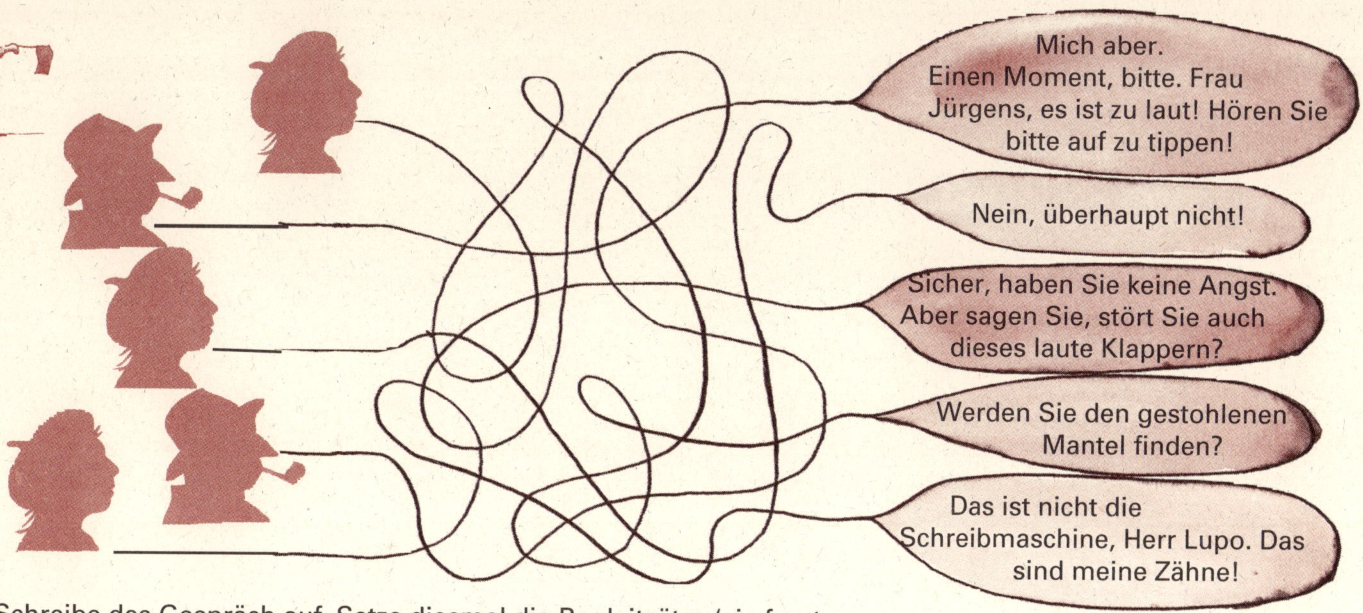

3 Schreibe das Gespräch auf. Setze diesmal die Begleitsätze (sie fragt, er antwortet, ...) ans Ende. Denke daran, dass du zwischen die wörtliche Rede und den Begleitsatz immer ein Komma setzen musst.

„Werden Sie den gestohlenen Mantel finden?“, fragt Frau Witte.

4 Steht der Begleitsatz nach einem Aussagesatz, dann fällt der erste Punkt weg. Zeige dies anhand der folgenden Sätze:

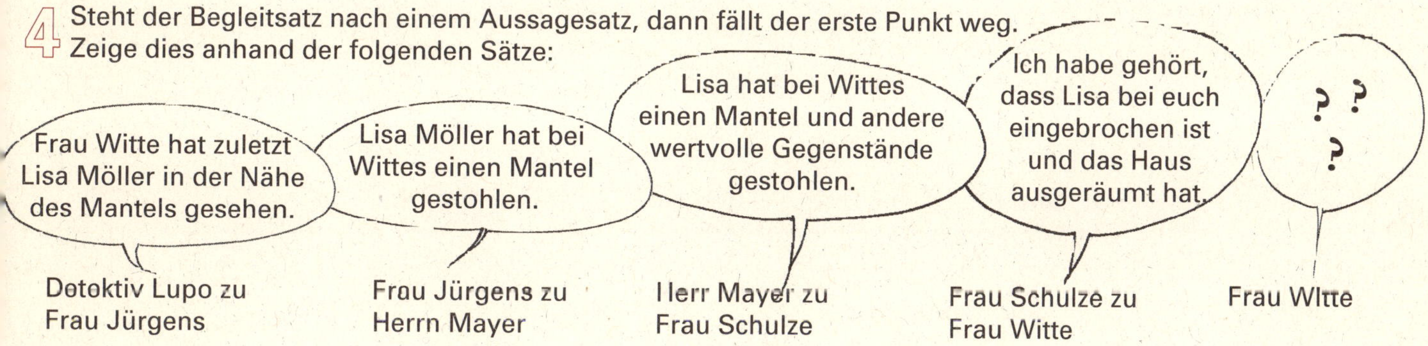

„Frau Witte hat zuletzt Lisa Möller in der Nähe des Mantels gesehen“, erklärt Detektiv Lupo.

Aufzeichnung einer Befragung

Frau Möller, kennen Sie Frau Witte eigentlich gut? fragte Detektiv Lupo und setzte sich auf einen Stuhl. Wir sehen uns gelegentlich antwortete diese und fügte noch hinzu: Wir wohnen nämlich nicht weit voneinander entfernt. Dann waren Sie bestimmt auf dem letzten Gartenfest, das bei Wittes stattfand! vermutete der Detektiv. Nach kurzem Überlegen antwortete die Frau: Ja, natürlich war ich dort. Herr Lupo fragte weiter: Haben Sie bei dieser Gelegenheit auch den Mantel gesehen, den sich Frau Witte von ihrer Schwester ausgeliehen hatte? Nein, den habe ich noch nie gesehen. Wissen Sie, es gibt so viele Mäntel mit schwarzen Broschen. Auf so etwas achte ich nicht. gab die Frau zu verstehen. Gut, Frau Möller. Ich habe zunächst keine weiteren Fragen an Sie. Sie werden von mir hören! erklärte Detektiv Lupo. Rufen Sie mich doch einfach an. Meine Nummer steht im Telefonbuch bot Frau Möller höflich an. Möller gibt es viele. Und die Straße? fragte der Detektiv nach. Steht daneben! entgegnete Frau Möller.

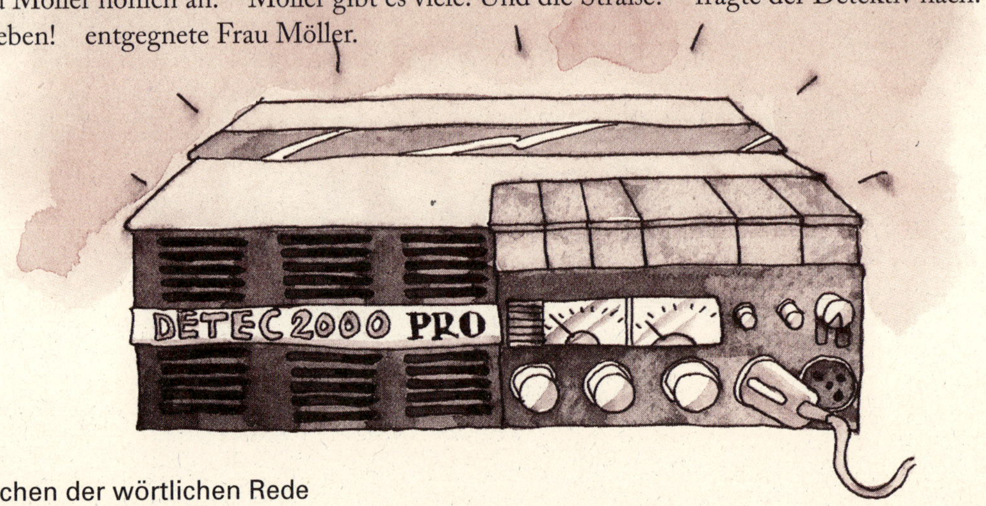

5 Setze die Zeichen der wörtlichen Rede (Anführungszeichen und Kommas).

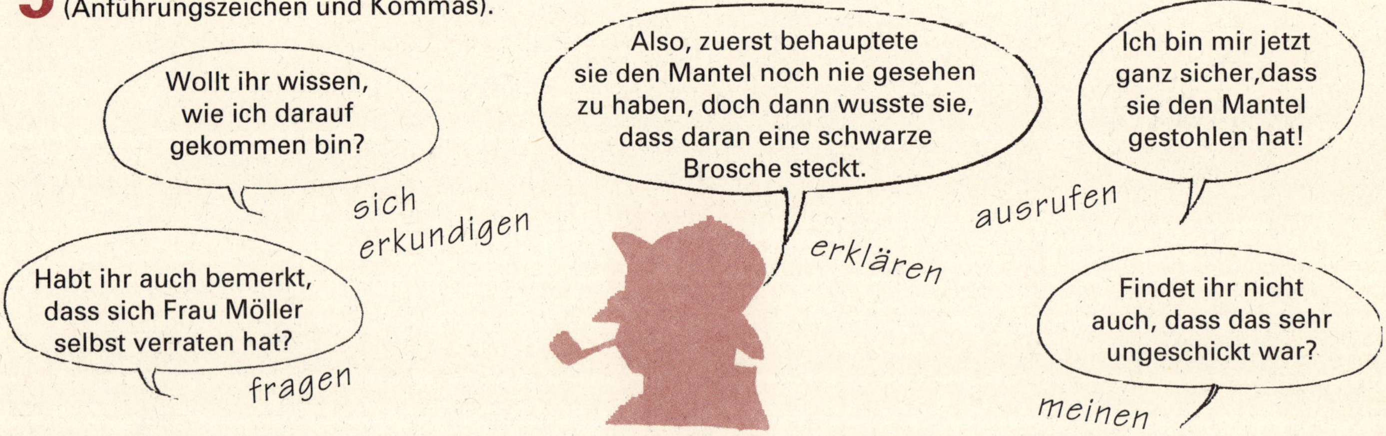

6 Schreibe die Sätze so auf, dass der Begleitsatz immer in der Mitte steht. Achte dabei auf die richtige Zeichensetzung. Schreibe so:

„Habt ihr auch bemerkt“, fragte Lupo, „dass sich Frau Möller selbst verraten hat?“

Aus dem Tagebuch eines Detektivs

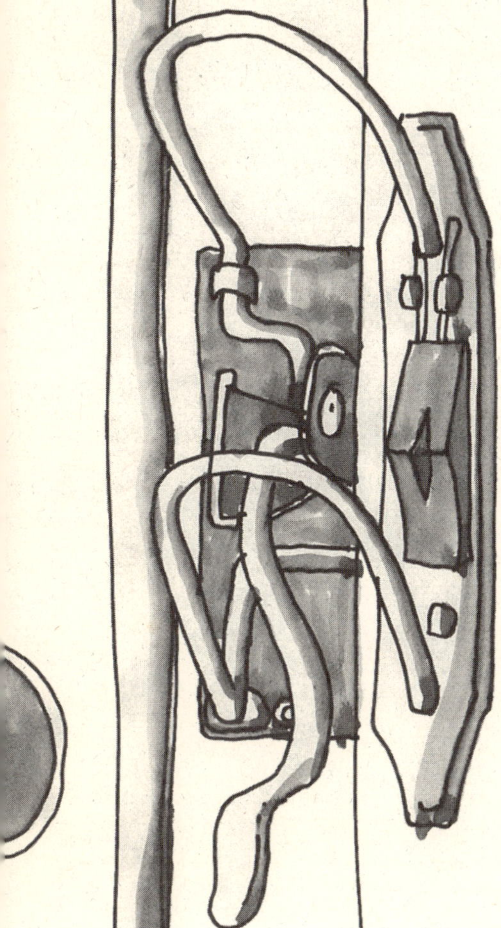

Eigentlich ist mein Beruf sehr anstrengend. Häufig muss ich mit viel Mühe nach vermissten Personen oder verschwundenen Gegenständen suchen. Erst letzte Woche kam ein Mann zu mir und fragte: Herr Lupo, können sie mir behilflich sein meine alte Taschenuhr wiederzufinden, die ich vor zwei Monaten in Spanien verloren habe? Es tut mir Leid sagte ich aber das ist einfach unmöglich! Doch das konnte der Mann nicht verstehen. Kurz darauf rief mich eine Frau an, die mich mit folgenden Worten anschrie: Detektiv Lupo, Sie arbeiten nicht sorgfältig genug! Meine 30-jährige Tochter, die Sie zu mir zurückgebracht haben, ist schon wieder weg. Was kann ich dafür? fragte ich, doch da hatte sie schon aufgelegt. Und auch mein letzter Einsatz war eine einzige Katastrophe. Früh am Morgen rief mich eine Frau namens Dammast an und bat: Bitte helfen Sie mir meine Katze wiederzufinden. Das Tier hat nur noch ein Auge und findet häufig den Weg nicht mehr nach Hause. Eigentlich habe ich schon genug zu tun sagte ich. Doch aus Mitleid nahm ich den Auftrag schließlich an. Leider! Zunächst befragte ich einige Personen aus der näheren Umgebung. Die habe ich vor kurzem bei uns auf dem Speicher gesehen! rief ein Bauer. Also durchsuchte ich den gesamten, sehr unaufgeräumten Dachboden – ohne Erfolg. Das Tier hält sich bei meinem Bruder, der zweihundert Kilometer entfernt wohnt, auf! rief mir ein anderer zu. Doch seine Frau warf ein: Nein, das ist eine andere. Diese Katze strolcht immer bei uns am Misthaufen herum. Ich ging beiden Spuren nach. Zunächst rutschte ich am Misthaufen aus und irrte anschließend nach einer fast dreistündigen Autofahrt in einem einsamen Wald ziellos umher. Vollkommen verschmutzt und mit den Nerven am Ende suchte ich spätabends Frau Dammast auf. Vom weitem rief ich ihr entgegen: Frau Dammast, es tut mir Leid, aber ich hatte keinen Erfolg! Doch dann traute ich meinen Augen nicht. Die Frau saß strahlend auf einem Sofa und die Katze schlief auf ihrem Schoß. Ach, Herr Lupo sagte Frau Dammast meine Minka ist zum Glück schon heute Morgen um 11 Uhr wieder nach Hause gekommen.

7 Setze die Zeichen der wörtlichen Rede (Anführungszeichen und Kommas).

8 Überarbeitet eure Ergebnisse mit Hilfe der Merksätze am unteren Rand. Diktiert euch anschließend einen Abschnitt des Textes als Partnerdiktat.

Die wörtliche Rede wird in Anführungszeichen gesetzt.
Der Begleitsatz der wörtlichen Rede kann stehen:
- am Anfang
  Der Detektiv sagte: „Mein Name ist Lupo."
- in der Mitte
  „Warten Sie bitte", schrie der Detektiv, „bis ich da bin!"
- am Ende
  „Worum geht es?", fragte Herr Lupo.
  „Helfen Sie mir!", schrie der Mann.
  „Das gefällt mir nicht", erklärte Lupo.

Das Komma in Satzreihen

Die Spürnasen stellen sich vor:

Wir nennen uns „Die Spürnasen"	aber eigentlich hat jeder bei uns das gleiche Recht.
Zu unserer Gruppe gehörten sechs Jugendliche	denn sein Vater arbeitet bei der Polizei.
Unsere Anführerin heißt Leonie	denn wir kommen gern Verbrechern auf die Spur.
Tilmann kennt bei Ermittlungen alle Tricks	aber das bemerkte zum Glück fast niemand.
Erst letzten Monat klärten wir einen Einbruch auf	doch eine davon zog im letzten Jahr in eine andere Stadt.
Große Sorgen macht uns meistens Sascha	denn in ernsten Situationen behält er nie die Nerven.
Neulich bekam er vor Angst sogar einen Niesanfall	doch leider bekamen wir keine Belohnung.

1 Finde heraus, welche beiden Sätze immer zusammengehören, und verbinde sie zu einer Satzreihe. Setze zwischen die beiden Hauptsätze immer ein Komma.

Wir nennen uns „Die Spürnasen", denn wir kommen gern Verbrechern auf die Spur.

2 Jeder Hauptsatz enthält ein Prädikat und ein Subjekt. Kreise in jedem Hauptsatz das Prädikat ein und unterstreiche das Subjekt:
Wir nennen uns „Die Spürnasen", denn wir kommen gern Verbrechern auf die Spur.

3 Setze im Text „Berufsrätsel" die fehlenden Kommas. (Achtung: Wenn die Hauptsätze mit *und* bzw. *oder* verbunden sind, steht **kein** Komma.)

Berufsrätsel
Jeder hat schon von ihnen gehört aber persönlich kennt man sie oftmals nicht. Dabei leben sie überall. Sie leben und arbeiten wie ganz normale Menschen doch ist ihr Beruf manchmal gefährlicher als der von anderen. Einige von ihnen sind sehr bekannt andere wiederum leben sehr zurückgezogen. Geschrieben wurde über diese Menschen schon viel und im Fernsehen sind sie gelegentlich auch zu sehen. Sie sehen aus wie du und ich aber in Büchern tragen sie meistens einen langen Mantel und eine Mütze oder sie sitzen im Sessel und rauchen Pfeife. Auch müssen sie sich nicht immer an feste Arbeitszeiten halten denn mitunter sind diese von ihren Aufträgen abhängig. Menschen kommen nämlich zu ihnen und beauftragen sie mit irgendeinem Fall doch darüber dürfen sie natürlich keine Auskunft geben denn das fällt unter die Schweigepflicht. Weißt du, um welchen Beruf es geht?

Lösung: 4 5 20 5 11 20 9 22
(Setze für die Zahlen die entsprechenden Buchstaben aus dem Alphabet).

Erneuter Erfolg der Spürnasen

Wieder einmal konnten die Spürnasen beim Aufdecken einer Straftat behilflich sein doch über ihre genaue Vorgehensweise gaben sie nur wenig Auskünfte. Erst in der letzten Woche legten die sechs Jugendlichen aus Salzwedel Einbrechern das Handwerk und dabei mussten sie sich nicht einmal großartig anstrengen. Bereits Tage zuvor waren ihnen vor dem Museum in der Wilhelmstraße drei Männer aufgefallen. Die Männer kamen ihnen verdächtig vor denn diese hielten sich ständig vor dem Museum auf. Stundenlang standen sie am Eingangstor oder sie beobachteten dieses gezielt vom Auto aus. Zunächst schien der Verdacht der Spürnasen unbegründet zu sein und sie dachten bereits über ihren Rückzug nach aber durch Zufall fiel ihnen dann ein Zettel in die Hände. Dieser muss einem der Männer aus der Tasche gefallen sein oder jemand von ihnen hatte ihn achtlos weggeschmissen. Das Stück Papier roch merkwürdig nach Zitrone und sofort hatten die Jugendlichen mit ihrem kriminalistischen Gespür eine richtige Vermutung. Die Verdächtigen hatten darauf nämlich eine mit Zitronensaft geschriebene Geheimbotschaft hinterlassen. Nur durch sorgfältiges Bügeln ist eine solche Schrift wieder lesbar zu machen doch das wussten die Spürnasen natürlich. Sie entzifferten die Botschaft und wurden dadurch über das Vorhaben der Männer aufgeklärt. Schließlich brachten die Jugendlichen den Zettel zur Polizeiwache denn er diente als wichtiges Beweismaterial. Die drei fremden Männer hatten nämlich in der folgenden Nacht das Museum ausrauben wollen aber dazu kam es nicht mehr denn sie wurden kurz vor ihrer Tat verhaftet.

4 Setze die fehlenden Kommas. (Denke auch hier daran: Wenn die Hauptsätze mit *und* bzw. *oder* verbunden sind, steht **kein** Komma.)

5 Diktiert euch den folgenden Text als Partnerdiktat.

Zwischen zwei Hauptsätzen kannst du statt eines Punktes auch ein Komma setzen. Wenn die Hauptsätze mit *und* bzw. *oder* verbunden sind, steht **kein** Komma.

Achtung, Einbrecher!
Diebe gibt es heutzutage überall. Sie verstecken sich in Kellern, sie lauern hinter Holzstapeln, sie klettern auf Dächern herum oder sie beobachten ihre Opfer. Manche von ihnen kennen besondere Tricks, denn einige wurden sogar zum Knacken von Tresoren ausgebildet. Andere sind Spezialisten für Zahlenschlösser und wiederum andere kennen sich mit Edelsteinen sehr gut aus.

Doch ihr Beruf hat vermutlich wenig Zukunft, denn irgendwann könnte jedes Gebäude mit einer Alarmanlage ausgestattet sein. Dann langweilt sich der Tresorknacker wahrscheinlich sehr, denn er weiß mit seiner freien Zeit nichts anzufangen. Der Fachmann für Zahlenschlösser spielt mit einem Nachbarn Schach, denn seiner früheren Beschäftigung geht er nun lieber nicht mehr nach und der Edelsteinliebhaber poliert die Backsteine seines Wohngebäudes, aber dies bringt ihm überhaupt keinen Spaß. Freizeit haben sie dann alle genug, doch diese haben sie sich sicherlich anders vorgestellt.

Das Komma in Satzgefügen

Gewissens-Test	Ja	Nein
■ Du beobachtest jemanden beim Vertauschen von Preisschildern. Du gehst durch ein Kaufhaus. (als) Wirst du es melden?		
■ Nach langer Überlegung lehnst du Schwarzfahren ab. Du hast einen langen Weg vor dir. (obwohl) Stimmt das?		
■ Du vermeidest es bei Rot über die Straße zu gehen sowie mit dem Rad auf dem Bürgersteig zu fahren. Du bist ein pflichtbewusster Mensch. (da) Oder?		
■ Du beobachtest jemanden beim Besprühen einer Hauswand. Du gehst von der Schule nach Hause. (während) Du fühlst dich verpflichtet dies zu melden. Du siehst es als eine Straftat an. (weil) Richtig?		
■ Beim Spaziergang durch den Wald wirst du Zeuge. Jemand lädt gerade Müll ab. (als) Sofort stellst du die Person zur Rede. Du hältst das für eine grobe Ordnungswidrigkeit. (da) Oder?		
■ Du versuchst bei Klassenarbeiten zu mogeln. Du hast vorher vergeblich versucht die Aufgaben allein zu lösen. (nachdem) Stimmt das?		

1 Verbinde die Sätze zu Satzgefügen. Verwende dazu immer die Konjunktionen in Klammern. Schreibe die Satzgefüge in dein Heft. Beachte dabei die richtige Kommasetzung: *Du beobachtest jemanden beim Vertauschen von Preisschildern, als du durch ein Kaufhaus gehst.*

2 Unterstreiche in jedem Nebensatz die Konjunktion und kreise immer die Personalform des Prädikats ein:
Du beobachtest jemanden beim Vertauschen von Preisschildern, als du durch ein Kaufhaus gehst.

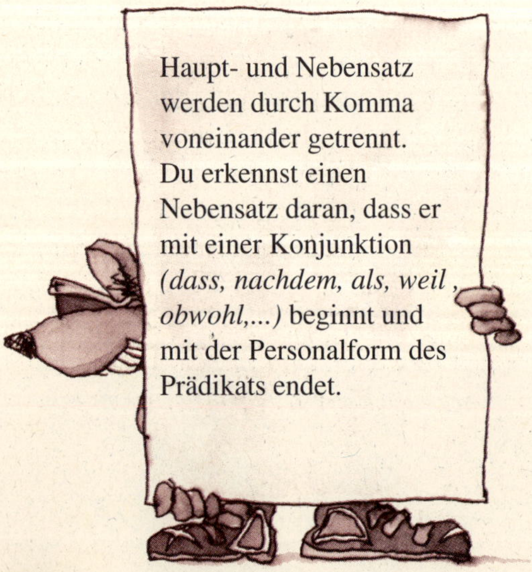

3 Diktiert euch den folgenden Text als Partnerdiktat.

Streitereien

Wann spricht man eigentlich von einer Straftat? Liegt eine solche bereits vor, wenn ich meinem Nachbarn hinter seinem Rücken eine Grimasse schneide und dies von seiner Frau beobachtet wird? Nachdem ich nämlich am letzten Wochenende mit Herrn Motzmann wieder einmal in Streit geraten bin, ist diese Frage für mich nicht unerheblich. Seitdem ich hier wohne, kommt es ständig zu Streitereien. Dabei versuche ich immer mit allen gut auszukommen. Da ich einen Froschteich besitze, beschwert sich unser Nachbar leider ständig, dass die Tiere zu laut quaken. Er behauptet die angeblich störenden Geräusche den ganzen Sommer über ertragen zu müssen, obwohl doch bekannt ist, dass Frösche nur sechs bis acht Wochen im Frühling quaken. Ohne zu zögern hat er jetzt sogar eine Anzeige erstattet. Nachdem ich das erfahren hatte, war ich richtig empört. Schließlich bin ich ja auch bereit Rücksicht zu nehmen. Als Herr Motzmann mich nämlich gestern früh am Morgen durch lautes Rasenmähen weckte, habe ich auch nichts gesagt. Daran sollte er sich ein Beispiel nehmen!

9876543